AF305963

ORDONNANCE DU ROI,

Portant règlement pour le payement des Troupes de Sa Majesté, pendant la Campagne 1761.

Du 1.ᵉʳ Mai 1761.

A PARIS,
DE L'IMPRIMERIE ROYALE.

M. DCCLXI.

1. Mai 1761.

TABLE

Des Articles & Titres contenus en l'Ordonnance du Roi, du 1.er Mai 1761, portant règlement pour le payement des Troupes de Sa Majesté, pendant la Campagne 1761.

ORDONNANCE

ORDONNANCE DU ROI,

Portant règlement pour le Payement des Troupes de Sa Majesté pendant la Campagne 1761.

Du 1.ᵉʳ Mai 1761.

DE PAR LE ROI.

L'INTENTION de Sa Majesté est que le traitement de ses Troupes, pendant l'hiver de 1760 à 1761, leur soit payé conformément à ce qu'Elle a réglé par l'ordonnance du 25 février 1760, portant règlement pour le payement de ses Troupes pendant l'hiver de 1759 à 1760; & pour les régimens nouvellement créés, ou ceux auxquels Elle a jugé à propos de faire quelques changemens, sur le pied réglé par les ordonnances particulières qu'Elle a rendues à ce sujet: Et voulant régler celui qui leur sera fait dans ses armées pendant la campagne 1761, à commencer du premier Mai, Elle a ordonné & ordonne ce qui suit:

A

ARTICLE PREMIER.

Fourrage.

IL sera fourni du fourrage aux troupes, lorsqu'il n'y aura point occasion de fourrager sur le pays, conformément aux états que Sa Majesté fera expédier, & ce, pour les quantités de rations attribuées à chaque grade des Officiers de ses troupes d'Infanterie françoise & étrangère, Cavalerie, Hussards & Dragons, par son ordonnance du 25 février 1760, concernant la solde des Troupes pendant l'hiver.

Pain de munition.

Elle fera aussi expédier des états pour la fourniture du pain de munition aux Officiers d'Infanterie françoise, des troupes de Cavalerie, de la Maison de Sa Majesté, des régimens de Cavalerie, de Carabiniers, de Hussards & de Dragons, & aux Brigadiers, Sous-brigadiers, Gardes-du-corps, Gendarmes, Chevaux-légers, Mousquetaires, Grenadiers à cheval, Sergens, Soldats, Cavaliers, Carabiniers, Hussards & Dragons, & seulement aux Sergens & Soldats des régimens étrangers, qui serviront dans les armées de Sa Majesté, à commencer des jours qu'elles se mettront en campagne en corps d'armée, jusqu'au dernier octobre prochain, sur le pied des revûes, en observant de se conformer pour les quantités attribuées à chaque grade, à ce qui est prescrit ci-après par la présente ordonnance. Sa Majesté entend à cet effet, que les revûes se fassent régulièrement tous les mois pendant la campagne, aux troupes des armées, par les Commissaires des guerres, avec les Directeurs ou Inspecteurs généraux, où il s'en trouvera.

I I.

GARDES-FRANÇOISES & GARDES-SUISSES.
Compagnies.
États-majors.

LES compagnies des Gardes-françoises & Suisses seront payées de leur solde ordinaire, sur laquelle il sera retenu deux sols pour chaque ration de pain de munition qui leur sera fournie; & les Officiers de l'État-major de chacun desdits régimens, recevront leurs appointemens suivant les états qui feront expédiés.

1. Mai 1761.

3

I I I.

INFANTERIE FRANÇOISE.

CHAQUE bataillon d'Infanterie françoife, fervant en campagne, compofé de dix-fept compagnies, dont une de Grenadiers de quarante - cinq hommes, & feize de Fufiliers de quarante hommes, faifant au total fix cens quatre - vingt-cinq hommes, outre le pain de munition qui fera fourni aux Officiers & Soldats, fera payé pendant la campagne, fur le pied par jour, favoir:

La compagnie de Grenadiers, à raifon de cinq livres trois fols quatre deniers au Capitaine, y compris quatre livres treize fols quatre deniers de fupplément. *Compagnies de Grenadiers.*

Trente fols au Lieutenant, y compris vingt-deux fols de fupplément.

Vingt fols au Sous-lieutenant, y compris quatorze fols de fupplément.

Sept fols quatre deniers à chacun des deux Sergens, dont un fol quatre deniers de fupplément; cinq fols huit deniers à chacun des trois Caporaux, dont un fol onze deniers de fupplément; quatre fols huit deniers à chacun des trois Anfpeffades, dont un fol deux deniers de fupplément; & trois fols huit deniers à chacun des trente-fix Grenadiers & au Tambour, dont huit deniers de fupplément.

Le Capitaine, outre l'appointement ci-deffus, recevra cinq payes de gratification de fix fols huit deniers chacune, dont deux payes de fupplément, fa compagnie étant complète de quarante - cinq hommes, & rien au deffous dudit nombre. *Payes de gratification.*

Chacune des feize compagnies de Fufiliers de chaque bataillon, fera payée fur le pied par jour, favoir: *Compagnies de Fufiliers.*

Aux Capitaines des quatre premières compagnies, à raifon de quatre livres dix fols par jour, y compris quatre livres deux fols de fupplément.

Aux Capitaines des quatre compagnies qui fuivent par leur rang, à raifon de trois livres feize fols huit deniers par jour, y compris trois livres huit fols huit deniers de fupplément.

Aux Capitaines des huit dernières compagnies, à raifon de trois livres trois fols quatre deniers, y compris deux livres quinze fols quatre deniers de fupplément.

A chaque Lieutenant des feize compagnies de Fufiliers, vingt-trois fols quatre deniers, y compris dix-fept fols quatre deniers de fupplément.

Les deux Sergens, trois Caporaux, trois Anfpeffades, trente-un Fufiliers & un Tambour, qui font en chacune des feize compagnies de Fufiliers, feront payés à raifon de fix fols quatre deniers par jour à chaque Sergent, dont un fol quatre deniers de fupplément; quatre fols huit deniers à chaque Caporal, dont un fol cinq deniers de fupplément; trois fols huit deniers à chaque Anfpeffade, dont huit deniers de fupplément; & deux fols huit deniers à chaque Fufilier & au Tambour, dont deux deniers de fupplément.

Payes de gratification. Le Capitaine de Fufiliers, outre l'appointement ci-deffus, recevra cinq payes de gratification de cinq fols huit deniers chacune, dont deux payes de fupplément, fa compagnie étant complète de quarante hommes, trois à trente-neuf, une feulement à trente-huit hommes, & rien au deffous dudit nombre de trente-huit hommes.

Soldats furnuméraires du régiment du Roi. Les cinq hommes furnuméraires par compagnie, établis dans le régiment d'Infanterie du Roi, par ordonnance du 7 feptembre 1741, & que Sa Majefté, par celles du 20 février 1749 & premier août 1755, a bien voulu continuer d'y entretenir au-delà du complet en chacune des foixante-huit compagnies dudit régiment, fans tirer à conféquence pour les autres régimens de fon Infanterie françoife, recevront leur folde fur le pied par jour, de trois fols huit deniers à chaque Grenadier, y compris huit deniers de fupplément; & de deux fols huit deniers à chaque Fufilier, dont deux deniers de fupplément, en paffant préfent aux revûes des Commiffaires des guerres, jufqu'audit nombre de cinq par compagnie, fans que cela produife

aucune

1. Mai 1761.

aucune augmentation dans les hautes-payes, ni dans les payes de gratification desdites compagnies.

Les Capitaines en second, ci-devant en pied, qui par la réforme remplissent des places de Lieutenant dans les compagnies de Fusiliers, jusqu'à leur remplacement, seront payés en campagne, de leurs appointemens, sur le pied chacun de trente-deux sols par jour, y compris vingt-cinq sols de supplément. *Capitaines en second tenant lieu de Lieutenans.*

Les deux Enseignes qui sont en chaque bataillon pour porter les drapeaux, seront payés de seize sols par jour, y compris onze sols de supplément. *Enseignes.*

Les Officiers de l'État-major de chaque régiment d'Infanterie françoise, avec Prevôté ou sans Prevôté, seront payés sur le pied par jour, de quatre livres trois sols quatre deniers au Colonel, y compris trois livres sept sols quatre deniers de supplément; neuf livres sept sols neuf deniers un tiers au Lieutenant-colonel, y compris quatre livres dix-sept sols quatre deniers de supplément, tant pour leurs appointemens en leurdite qualité, que pour leur tenir lieu de ceux de Capitaine, n'ayant plus de compagnie; quatre livres dix sols au Major, y compris quatre livres deux sols de supplément; trois livres trois sols quatre deniers au second Major du régiment du Roi; deux livres seize sols huit deniers à l'Aide-major, y compris deux livres dix sols huit deniers de supplément; vingt sols au Maréchal-des-logis, y compris seize sols de supplément; & dix sols à chacun des Aumônier & Chirurgien, y compris sept sols six deniers de supplément. *État-major des régimens d'Infanterie françoise.*

Sa Majesté ayant réglé par son ordonnance du 20 février 1749, que la compagnie Colonelle de son régiment d'Infanterie seroit conservée, & commandée comme ci-devant par le Colonel-lieutenant, il continuera d'être payé en ladite qualité de Colonel, sur le pied réglé par l'ordonnance du 25 février 1760, de trente-trois sols quatre deniers par jour, indépendamment des appointemens qu'il recevra comme Capitaine, à raison de trois livres trois sols quatre deniers par jour; les gradations *Colonel-lieutenant du régiment d'Infanterie du Roi.*

d'augmentation de traitement établies pour les compagnies de Fufiliers devant avoir lieu pour ledit régiment comme pour les autres de l'Infanterie françoife, à commencer du premier Capitaine factionnaire.

Prevôté. Les Officiers de la Prevôté des régimens où il y a Prevôté, fervant dans les armées, feront payés fur le pied par jour, de dix-huit fols huit deniers au Prevôt, dont treize fols huit deniers de fupplément; fept fols quatre deniers à fon Lieutenant, dont quatre fols dix deniers de fupplément; quatre fols quatre deniers au Greffier, dont deux fols quatre deniers de fupplément; & trois fols à chacun des cinq Archers & à l'Exécuteur de Juftice, dont deux fols de fupplément.

Commandans & Aides-majors de bataillons. Les Commandans des fecond, troifième & quatrième bataillons des régimens où il y en a ce nombre, feront payés fur le pied de cinq livres dix-huit fols dix deniers deux tiers par jour chacun, y compris quatre livres huit fols dix deniers deux tiers de fupplément, ne devant point être attachés à aucune compagnie; & les Aides-majors defdits bataillons, recevront chacun deux livres feize fols huit deniers par jour, y compris deux livres dix fols huit deniers de fupplément.

Sous-aides-majors dans le régiment du Roi. Les quatre Sous-aides-majors que Sa Majefté a établis dans fon régiment d'Infanterie, par ordonnance du 20 juillet 1753, continueront de recevoir les feize livres treize fols quatre deniers par mois, réglés par ladite ordonnance, indépendamment de leurs appointemens de Lieutenans.

Commandans & Aides-majors des 2ᵉ, 3ᵉ & 4ᵉ bataillons. Les Commandans & Aides-majors des fecond, troifième & quatrième bataillons, feront payés fur le pied par jour, de cinq livres dix-huit fols dix deniers deux tiers à chaque Commandant de bataillon, & de cinquante-fix fols huit deniers à chaque Aide-major.

Appointemens confervés aux anciens Commandans de bataillon. Les Officiers qui commandoient les bataillons qui ont été réformés par les réductions ordonnées dans l'Infanterie françoife, en 1748 & 1749, continueront de jouir en campagne des trente-fix fols huit deniers par jour qui leur

7

font réglés pendant l'hiver, jufqu'à ce qu'ils foient rem-placés; & ce indépendamment des appointemens qui leur font ci-deffus réglés comme Capitaine d'une compagnie de Fufiliers.

Les Capitaines attachés en qualité de Capitaines en fecond aux premières compagnies des régimens de la Sarre & de Royal-Rouffillon, au moyen de l'incorpo-ration qui a été faite des quatre compagnies des feconds bataillons de ces régimens dans les compagnies de Fu-filiers des premiers bataillons, feront payés, lorfqu'ils ferviront en campagne, fur le pied de vingt-cinq fols quatre deniers chacun par jour.

Et les Lieutenans defdites compagnies, incorporés, attachés en qualité de Lieutenans en fecond, aux fecondes compagnies defdits premiers bataillons des régimens de la Sarre & de Royal-Rouffillon, fur le pied de vingt-trois fols quatre deniers chacun par jour.

Les Officiers réformés à la fuite des régimens d'In-fanterie françoife, y feront payés, lorfque les régimens fervent en campagne, fur le même pied des appointemens qui leur ont été réglés par mois d'hiver, à la déduction feulement de vingt-cinq livres par mois à chaque Colonel & Lieutenant-colonel, de quinze livres à chaque Capi-taine, & de cinq livres à chaque Lieutenant.

Les régimens d'Infanterie françoife & étrangère, qui fervent dans l'ifle de Minorque, continueront d'être payés de leur folde, fur le pied réglé par l'ordonnance de folde d'hiver du 25 février 1760.

Les Officiers qui ont été ou qui feront faits prifonniers de guerre, de quelque grade qu'ils foient, reprendront les emplois dont ils étoient pourvûs au moment qu'ils ont été prifonniers de guerre, à la réferve des cas ex-pliqués ci-après.

Les Officiers prifonniers de guerre, qui auroient dû pendant leur détention monter, par leur ancienneté, aux emplois de Lieutenans-colonels & de Commandans de bataillons, feront mis fans difficulté en poffeffion defdits emplois, avec le rang qu'ils auroient eu, s'ils avoient été préfens au Corps lors de la vacance defdits emplois, pourvû toutefois que lefdits Officiers aient été faits prifonniers dans des actions de guerre; voulant Sa Majefté que ceux qui auroient été pris en toute autre occafion, ne puiffent réclamer leur rang.

Ceux qui auront été pourvûs des emplois de Lieutenans-colonels ou de Commandans de bataillons, au défaut de ceux qui auroient dû les avoir par leur ancienneté, s'ils n'euffent point été prifonniers de guerre, feront tenus de les céder auxdits Officiers, & reprendront, en les cédant, les emplois qui devront leur appartenir fuivant leur rang; voulant cependant qu'ils confervent leur grade, mais fans en toucher les appointemens ni en faire aucun fervice.

Ceux qui auront été nommés à des compagnies de Grenadiers, pendant la détention des Officiers plus anciens qui auroient dû y monter, conferveront ces compagnies; & les Officiers plus anciens qu'eux reprendront des compagnies de Fufiliers avec leur rang.

Les derniers Capitaines d'Infanterie qui, par le rétabliffement des Capitaines prifonniers de guerre, fe trouveront fans compagnie, rempliront des places de Lieutenans, avec le grade de Capitaine en fecond, fans faire cependant d'autre fervice que celui de Lieutenans; & feront payés de leurs appointemens, jufqu'à ce qu'ils foient remplacés à des compagnies, fur le pied par jour, de vingt-cinq fols quatre deniers en campagne, & de quarante-deux fols en hiver.

Les Lieutenans d'Infanterie prifonniers de guerre, qui auroient dû, fuivant leur rang, monter à des compagnies, ne déplaceront point ceux qui en auront été pourvûs pendant leur détention, & feront obligés de reprendre leurs emplois de Lieutenans; mais l'intention de Sa Majefté eft qu'ils foient nommés aux compagnies qui vaqueront, fuivant leur rang de Lieutenant, concurremment avec les Capitaines en fecond qui auront été déplacés par le retour des Titulaires, & Elle leur fera expédier alors des ordres particuliers pour reprendre leur rang.

Les

Les Capitaines de Cavalerie, qui, par le retour des Capitaines priſonniers de guerre, ſe trouveront ſans compagnies, ſeront entretenus Capitaines réformés à la ſuite du même régiment, & ſeront payés de leurs appointemens en paſſant préſens aux revûes, ſur le pied de ſoixante livres par mois en campagne, & de quatre‑vingt‑dix livres auſſi par mois en hiver, juſqu'à leur remplacement; l'intention de Sa Majeſté étant qu'ils ſoient nommés aux premières compagnies qui vaqueront dans le corps de la Cavalerie, ſans diſtinction de régiment, en dépoſant le prix de la taxe.

Les Lieutenans & Enſeignes d'Infanterie, qui, par le retour des priſonniers, ſe trouveront ſans emploi, ſeront attachés à des compagnies en qualité de Lieutenans en ſecond, en conſervant leurs appointemens; les Lieutenans & Cornettes de Cavalerie & de Dragons, qui ſeront dans le même cas, ſeront attachés à des compagnies comme Lieutenans en ſecond, en conſervant auſſi leurs appointemens; l'intention de Sa Majeſté étant qu'il ne ſoit nommé aucun nouveau ſujet, qu'après que ceux‑ci auront été remplacés à des Lieutenances, Enſeignes ou Cornettes en pied.

Les Maréchaux‑des‑logis & Sergens priſonniers de guerre, reprendront leur place & leur rang, de manière que, ſi par leur retour il ſe trouve dans une compagnie de Cavalerie deux Maréchaux‑des‑logis, le ſecond ſera conſervé ſurnuméraire avec ſes appointemens ; & s'il ſe trouve dans une compagnie d'Infanterie un troiſième Sergent, il ſera pareillement conſervé ſurnuméraire, tenant lieu d'un Soldat dans la compagnie, & conſervera la ſolde de Sergent ; le tout juſqu'à ce que leſdits Maréchaux‑des‑logis & Sergens ſurnuméraires, aient été remplacés aux premières places de Maréchaux‑des‑logis & de Sergens, qui vaqueront dans leur compagnie.

Les Fourriers, Brigadiers, Caporaux, Anſpeſſades, Grenadiers, Soldats, Cavaliers & Dragons priſonniers de guerre, reprendront pareillement leur place & leur

rang dans leur compagnie, en y confervant leurs hautes-
payes, ainfi que ceux qui y feront montés pendant leur
détention ; voulant Sa Majefté que toutes les hautes-payes
qui fe trouveront dans le cas d'être confervées, foient fup-
primées à mefure de l'extinction ou remplacement de
ceux qui en jouiront.

Tous les Officiers prifonniers de guerre feront payés,
jufqu'à leur échange, des appointemens attachés à leur
grade, fur le pied de garnifon, fans pain ni fourrage,
en vertu des ordres particuliers que Sa Majefté fera
expédier.

Officiers représentans.

Les Capitaines exploitant les compagnies des Capitaines prifonniers de guerre, feront payés pendant la
campagne fur le pied des derniers Capitaines, quand
même ils repréfenteroient des Capitaines des premières
compagnies, auxquels Sa Majefté a réglé des appointemens plus forts, lefdits Capitaines repréfentans jouiront
de tout le traitement attaché à leur grade, ainfi que des
émolumens de la compagnie qu'ils exploitent, de l'entretien & des réparations de laquelle ils feront tenus.

Les Officiers des autres grades, qui repréfenteront des
prifonniers de guerre, jouiront auffi des appointemens
& traitement attribués à leur grade.

Entend Sa Majefté que les penfions attribuées aux
Lieutenans-colonels & premiers Capitaines de vingt régiment de fon Infanterie françoife, ainfi que les gratifications attachées aux charges, continuent d'être payées
aux Officiers prifonniers qui en jouiffent.

Royal-Lorraine & Royal-Barrois.

Les régimens Royal-Lorraine & Royal-Barrois, dont
les compagnies ont été réduites, par ordonnance du 1.er
avril 1761, de quatre-vingts à foixante hommes, à commencer du 1.er mai 1761, continueront de recevoir, en
fervant en campagne, la même folde qui leur eft réglée par
l'ordonnance du 25 février 1760.

L'intention de Sa Majefté eft que quoique ces régimens foient à la paye de garnifon toute l'année, ils aient
la faculté en campagne de prendre le pain de munition

1. Mai 1761.

& la viande, aux retenues ordinaires fur la folde, pour les Sergens & Soldats; & Elle veut bien accorder aux Officiers la fourniture du pain de munition *gratis*, comme en jouiffent ceux de fes troupes d'Infanterie françoife.

Au moyen du traitement réglé à ces deux régimens, il ne leur fera accordé ni uftenfile ni argent de recrue, devant être toûjours complets au moyen des hommes qui leur feront fournis des Milices de Lorraine & de Bar; mais Sa Majefté leur donnera des routes avec étape pour faire joindre les hommes de remplacement.

LE régiment des Grenadiers de France, formé par or- *RÉGIMENT des GRENADIERS de FRANCE.* donnance du 15 février 1749, & qui, fuivant celle du 15 feptembre 1750, a rang dans l'Infanterie immédiate- ment après le régiment de Bourbon, ce régiment compofé de quatre brigades de douze compagnies de quarante-cinq hommes, faifant au total deux mille cent foixante hommes, fur le pied de cinq cens quarante hommes par brigade, fera payé à raifon par jour, favoir.

Chacune des quarante-huit compagnies, de fix livres *Compagnies.* quinze fols dix deniers au Capitaine, y compris cinq livres dix-neuf fols dix deniers de fupplément, tant pour fes appointemens que pour lui tenir lieu des cinq payes de gratification dont jouiffent les Capitaines de Grenadiers des régimens d'Infanterie françoife, leur compagnie étant complète; trente fols au Lieutenant, y compris vingt-deux fols de fupplément; vingt fols au Lieutenant en fecond, dont quatorze fols de fupplément; fept fols quatre deniers à chacun des deux Sergens, dont un fol quatre deniers de fupplément; cinq fols huit deniers à chacun des trois Caporaux, dont un fol onze deniers de fupplément; quatre fols huit deniers à chacun des trois Anfpeffades, y compris un fol deux deniers de fupplément; & trois fols huit deniers à chacun des trente-fix Grenadiers & au Tambour, dont huit deniers de fupplément.

Le Sergent, le Caporal & les onze Grenadiers entretenus *Supplément de folde aux Char- pentiers.* en chacune des quatre Brigades, fous la dénomination de Charpentiers, continueront de recevoir le fupplément de

folde qui leur a été réglé par l'ordonnance du 1 5 août 1750,
à raifon par jour, de deux fols au Sergent, un fol fix deniers
au Caporal, & un fol à chaque Grenadier-Charpentier.

Enfeignes. L'Enfeigne qui eft en chacune des quatre brigades,
fera payé fur le pied de feize fols par jour, y compris
onze fols de fupplément.

État-major. L'État-major dudit régiment fera payé fur le pied par jour,
de vingt-une livres fept fols neuf deniers un tiers à l'Inf-
pecteur-commandant, y compris dix livres cinq fols fix
deniers deux tiers de fupplément; douze livres dix fols
au Commandant en fecond dudit régiment, y compris
neuf livres trois fols quatre deniers de fupplément; quinze
livres feize fols huit deniers au Major, établi par ordonnance du 6 octobre 1759; fept livres feize fols huit
deniers à l'Aide-major dudit régiment, établi par la même
ordonnance; quatre livres dix fols à chacun des quatre
Aides-majors de brigades, trois livres à chacun des quatre
Sous-aides-majors, auffi établis par ladite ordonnance du
6 octobre 1759; vingt fols à chacun des Aumônier &
Chirurgien, & dix fols quatre deniers à chacun des
Tambour-major & Fifre.

Les Colonels & Lieutenans-colonels deftinés à fervir
audit régiment pendant la campagne, recevront, favoir,
chaque Colonel neuf livres trois fols quatre deniers par
jour, & chaque Lieutenant-colonel neuf livres fept fols neuf
deniers un tiers auffi par jour, & ce pour le temps que
lefdits Colonels & Lieutenans-colonels feront de fervice.

CORPS ROYAL de l'ARTILLERIE. LE Corps Royal de l'Artillerie, auquel Sa Majefté a
jugé à propos de faire quelques changemens, par fon
ordonnance du 27 février 1760, fera payé en fervant
en campagne, favoir;

Officiers des brigades. Les Officiers des fix brigades dudit Corps, compofées
chacune de huit compagnies de cent hommes chacune,
dont une de Sappeurs, cinq de Canonniers, & deux de
Bombardiers, fur le pied par jour,

Chacun des deux premiers Capitaines en premier de
chaque brigade, de fix livres fept fols neuf deniers un tiers.

Chacun

1. *Mai* 1761.

13

Chacun des deux fuivans, de cinq livres feize fols huit deniers.

Chacun des quatre derniers, de cinq livres.

Cinquante fols à chacun des deux Capitaines en fecond par compagnie, quarante fols à chacun des deux Lieutenans en premier, trente fols à chacun des deux Lieutenans en fecond, & vingt-trois fols quatre deniers au Lieutenant en troifième.

A l'égard des Sergens, Caporaux, Anfpeffades, Sappeurs, Canonniers, Artificiers & Bombardiers, ils feront payés fur le pied par jour, favoir;

Chaque compagnie de Sappeurs, de quinze fols dix deniers à chacun des fix Sergens, onze fols huit deniers à chacun des fix Caporaux, huit fols huit deniers à chacun des fix Anfpeffades, fix fols huit deniers à chacun de dix-huit des foixante-dix-neuf Sappeurs, quatre fols deux deniers à chacun des foixante-un autres, & fix fols huit deniers à chacun des trois Tambours. *Compagnies de Sappeurs.*

Chaque compagnie de Canonniers, de quinze fols dix deniers à chacun des fix Sergens, onze fols huit deniers à chacun des fix Caporaux, huit fols huit deniers à chacun des fix Anfpeffades, fix fols huit deniers à chacun de dix-huit des foixante-dix-neuf Canonniers, quatre fols deux deniers à chacun de dix-huit autres, trois fols deux deniers à chacun des quarante-trois reftans, & fix fols huit deniers à chacun des trois Tambours. *Compagnies de Canonniers.*

Chaque compagnie de Bombardiers, de quinze fols dix deniers à chacun des fix Sergens, douze fols deux deniers à chacun des fix Caporaux, dix fols deux deniers à chacun des fix Anfpeffades, neuf fols deux deniers à chacun de quatre des feize Artificiers-bombardiers, huit fols huit deniers à chacun de fix defdits Artificiers-bombardiers, fept fols huit deniers à chacun des fix autres, fix fols huit deniers à chacun de douze des foixante-trois Bombardiers, quatre fols deux deniers à chacun de douze autres, trois fols deux deniers à chacun des trente-neuf reftans, & fix fols huit deniers à chacun des trois Tambours. *Compagnies de Bombardiers.*

D

État-major. L'État-major de chaque brigade, compofé d'un Brigadier ou Chef de brigade, d'un Colonel, d'un Lieutenant-
Colonel, un Major, un Aide-major, un Sous-aide-
major, un Garçon-major, un Aumônier & un Chirurgien, fera payé en campagne fur le pied par jour; favoir,
de quinze livres feize fols huit deniers au Chef de brigade, douze livres dix fols au Colonel, huit livres dix
fols au Lieutenant-colonel, fept livres dix fols au Major,
cinq livres dix fols à l'Aide-major, quarante-fix fols huit
deniers au Sous-aide-major, trente-fix fols huit deniers
au Garçon-major, vingt-trois fols dix deniers à l'Aumônier, & vingt-neuf fols quatre deniers au Chirurgien.

Compagnies *d'Ouvriers.* Les fix compagnies d'Ouvriers, qui en conféquence
de ladite ordonnance du 27 février 1760, ont été reti-
rées des brigades du Corps Royal de l'Artillerie pour être
attachées chacune à une brigade, fans cependant en faire
partie; chaque compagnie compofée d'un Capitaine en
premier, un Capitaine en fecond, un Lieutenant en premier, un Lieutenant en fecond, un Lieutenant en troifième, trois Sergens ou Maîtres-ouvriers, un maître
Batelier-fergent, trois Caporaux ou Sous-maîtres, un
Caporal maître Charpentier de bateau, quatre Anfpeffades, dont un Calfat, trente Ouvriers, fept Charpentiers
de bateau, Calfats ou Bateliers, neuf Apprentifs-ouvriers,
& deux Tambours, fera payée en fervant en campagne,
fur le pied par jour, de cinq livres au Capitaine en premier, cinquante fols au Capitaine en fecond, quarante fols
au Lieutenant en premier, trente fols au Lieutenant en
fecond, vingt-trois fols quatre deniers au Lieutenant en
troifième, feize fols dix deniers à chaque Sergent ou
Maître-ouvrier, pareils feize fols dix deniers au maître
Batelier-fergent, feize fols deux deniers à chaque Caporal
ou Sous-maître, pareils feize fols deux deniers au Caporal
maître Charpentier de bateau, quatorze fols deux deniers
à chaque Anfpeffade, y compris l'Anfpeffade-calfat; treize
fols deux deniers à chacun de douze des trente Ouvriers,
pareils treize fols deux deniers aux fept Charpentiers de

15

bateau, Calfats ou Bateliers; dix fols deux deniers aux dix-huit autres Ouvriers, huit fols deux deniers à chacun des neuf Apprentifs, & fept fols huit deniers à chacun des deux Tambours.

Le Capitaine recevra de plus huit payes de gratification de dix fols deux deniers chacune, fa compagnie étant complète de foixante hommes, fix à cinquante-neuf, quatre à cinquante-huit, trois à cinquante-fept, deux à cinquante-fix, & aucune la compagnie étant au deffous dudit nombre de cinquante-fix hommes. *Payes de gratification.*

Les fix compagnies de Mineurs attachées au Corps du Génie par ordonnance du 10 mars 1759, compofées chacune d'un Capitaine, un Capitaine en fecond, un Lieutenant, deux Lieutenans en fecond, quatre Sergens, quatre Caporaux, quatre Anfpeffades, quarante-fix Mineurs ou Apprentifs, & deux Tambours, feront payées en fervant en campagne, fur le pied par jour, de fept livres treize fols quatre deniers au premier Capitaine ayant rang de Lieutenant-colonel, tant en qualité de Capitaine qu'en celle de Commandant les fix compagnies; cinq livres à chacun des cinq autres Capitaines, quatre livres trois fols quatre deniers au premier Capitaine en fecond établi dans la première compagnie, cinquante fols à chaque autre Capitaine en fecond, quarante fols à chaque Lieutenant, trente fols à chaque Lieutenant en fecond, feize fols dix deniers à chacun des quatre Sergens par compagnie, douze fols huit deniers à chacun des quatre Caporaux, neuf fols huit deniers à chacun des quatre Anfpeffades, huit fols huit deniers à chacun des vingt-quatre Mineurs, cinq fols deux deniers à chacun des vingt-deux Apprentifs, & fept fols huit deniers à chacun des deux Tambours. *Compagnies de Mineurs.*

Le Capitaine recevra de plus huit payes de gratification à raifon de fept fols deux deniers chacune, fa compagnie étant complète de foixante hommes, fix à cinquante-neuf, quatre à cinquante-huit, trois à cinquante-fept, deux à cinquante-fix, & aucune la compagnie étant au deffous dudit nombre de cinquante-fix hommes. *Payes de gratification.*

État-major des Mineurs. Il fera payé au Major des Mineurs établi par ordonnance du 10 mars 1759, fept livres dix fols par jour, & à l'Aide-major cinq livres dix fols.

Supplément de folde. Comme il fe trouve, par les différens changemens que Sa Majefté a jugé à propos de faire dans le Corps Royal de l'Artillerie & dans les compagnies de Sappeurs, Mineurs & Ouvriers, plufieurs hommes qui éprouvent une diminution fur leur folde, l'intention de Sa Majefté eft qu'elle leur foit continuée fur l'ancien pied tant qu'ils exifteront à leur troupe, jufqu'à ce qu'ils foient montés à des grades dont la paye fera équivalente; au moyen de quoi les Commiffaires des guerres feront mention dans leurs revûes du fupplément de paye qui reviendra à chacun de ces hommes, conformément à l'état qui leur en fera remis par le Major ou Officier chargé du détail de chaque brigade du Corps Royal de l'Artillerie & des compagnies de Mineurs, & le décompte leur en fera fait en conféquence defdites revûes; lequel fupplément s'éteindra à mefure que les hommes viendront à manquer, ou qu'ils monteront à des grades dont la paye équivaudra celle qu'ils avoient.

Enjoint Sa Majefté auxdits Majors ou Officiers chargés du détail, de remettre lors de chaque revûe un état exact & fidèle des hommes qui font dans le cas de jouir de ce fupplément, lequel état ils certificront véritable.

L'intention de Sa Majefté eft auffi que ce fupplément leur foit payé lorfqu'ils marcheront par étape, indépendamment de celui qui leur eft réglé par l'ordonnance de folde d'hiver.

Maffe de l'Infanterie françoife, des régimens Royal-Lorraine & Royal-Barrois, du régiment des Grenadiers de France, du Corps royal de l'Artillerie, & Outre la folde ci-deffus de l'Infanterie françoife, des régimens Royal-Lorraine & Royal-Barrois, du régiment des Grenadiers de France, & des fix brigades du corps royal de l'Artillerie, des fix compagnies d'Ouvriers, & des fix compagnies de Mineurs, il fera payé vingt-quatre deniers par jour pour chaque Sergent & Maître-Ouvrier, dont quatre deniers d'augmentation ; & douze deniers pour chaque Caporal, Anfpeffade, Grenadier, Fufilier, Sappeur, Canonnier, Bombardier, Mineur, Sous-maître-ouvrier,

Ouvrier,

Ouvrier, Apprentif & Tambour, dont deux deniers *des compagnies d'Ouvriers & de Mineurs.*
d'augmentation, pour former une Maſſe toûjours complète, qui reſtera entre les mains des Tréſoriers généraux de l'Extraordinaire des guerres & de l'Artillerie, & dont la main-levée ſera ordonnée, ainſi qu'il eſt réglé par l'ordonnance du premier avril 1760.

LES Régimens de Grenadiers-royaux, formés des *RÉGIMENS de GRENADIERS-ROYAUX, de deux bataillons chacun.*
compagnies de Grenadiers & des Grenadiers-poſtiches des bataillons de Milices, feront payés, en ſervant en campagne, ſavoir;

Chaque compagnie formant deux troupes, l'une de Grenadiers, & l'autre de Grenadiers-poſtiches, à raiſon par jour, pour celle de Grenadiers compoſée de cinquante hommes, de quatre livres au Capitaine, trente-deux ſols au premier Lieutenant, vingt ſols au ſecond Lieutenant, ſept ſols quatre deniers à chacun des deux Sergens, dont un ſol quatre deniers de ſupplément; cinq ſols huit deniers à chacun des trois Caporaux, dont un ſol onze deniers de ſupplément; quatre ſols huit deniers à chacun des trois Anſpeſſades, dont un ſol deux deniers de ſupplément; trois ſols huit deniers à chacun des quarante-un Grenadiers, dont huit deniers de ſupplément; & cinq ſols huit deniers au Tambour, dont huit deniers de ſupplément, lequel, à ce moyen, entretiendra ſa caiſſe de peaux & de cordages, & ſe fournira de baguettes.

Et pour celle de Grenadiers-poſtiches, compoſée de *Compagnie de Grenadiers-poſtiches.*
ſoixante hommes, à raiſon par jour, de trois livres dix ſols au Capitaine, vingt-cinq ſols au Lieutenant, ſix ſols quatre deniers à chacun des trois Sergens, dont un ſol quatre deniers de ſupplément; quatre ſols huit deniers à chacun des trois Caporaux, dont un ſol cinq deniers de ſupplément; trois ſols huit deniers à chacun des trois Anſpeſſades, dont huit deniers de ſupplément; deux ſols huit deniers à chacun des cinquante Grenadiers-poſtiches, dont deux deniers de ſupplément; & quatre ſols huit deniers au Tambour, dont huit deniers de ſupplément, lequel, à ce

E

moyen, entretiendra sa caisse de peaux & de cordages; & se fournira de baguettes.

Pain de muni-
tion & la viande
aux Sergens &
Soldats.

Les Sergens, Caporaux, Anspessades, Grenadiers, Grenadiers-postiches & Tambours; auront en campagne du pain de munition & de la viande, outre la solde ci-dessus; au moyen de laquelle ils seront tenus de s'entretenir de linge & de chaussure.

Seconds Lieute-
nans pour porter
les drapeaux.

Il sera payé vingt sols par jour au second Lieutenant entretenu aux Grenadiers-postiches des deux premières compagnies de chacun desdits régimens, pour porter les drapeaux.

État-major.

L'État-major de chacun desdits régimens, sera payé sur le pied par jour, de douze livres au Colonel; dix livres au Lieutenant-colonel, tant pour leurs appointemens en ladite qualité, que pour leur tenir lieu de ceux de Capitaine, n'ayant point de compagnies; six livres au Major, & trois livres à chacun des deux Aides-majors.

BATAILLONS
DE MILICE.

LES Officiers des bataillons de Milice, que Sa Majesté jugera à propos de faire servir dans ses armées, soit pour la communication, soit pour camper, continueront d'être payés de leurs appointemens sur le pied réglé par l'ordonnance de solde des Troupes du 25 février 1760.

A l'égard des Sergens, Caporaux, Anspessades, Fusiliers & Tambours, de ceux desdits bataillons qui serviront dans les Places pour la communication, ils continueront aussi d'être payés de leur solde sur le pied réglé par ladite ordonnance du 25 février 1760.

Et ceux desdits bataillons qui camperont, seront payés sur le pied par jour, de six sols quatre deniers à chaque Sergent, quatre sols huit deniers à chaque Caporal, trois sols huit deniers à chaque Anspessade, deux sols huit deniers à chaque Fusilier, & quatre sols huit deniers à chaque Tambour.

Les Sergens, Caporaux, Anspessades, Fusiliers & Tambours des bataillons qui camperont, auront du pain de munition & de la viande outre la solde ci-dessus, au moyen de laquelle ils feront obligés de s'entretenir de linge & de chauffure.

A l'égard de ceux des bataillons employés pour les communications, il leur fera auffi fourni du pain & de la viande ; mais comme ils font à la folde de garnifon, il leur fera retenu deux fols pour chaque ration de pain, & un fol pour chaque ration de viande.

Sa Majefté voulant bien faire participer les Officiers des régimens de Grenadiers-royaux, qui fervent dans fes armées, & ceux des bataillons de Milice qui camperont, à la grace qu'Elle a accordée à plufieurs de fes troupes, en leur faifant délivrer la fourniture du pain *gratis,* pour laquelle on leur retenoit deux fols par ration, fon intention eft que cette fourniture leur foit faite auffi *gratis* fur le pied des quantités réglées pour chaque grade, comme à l'Infanterie françoife. *Pain de munition aux Officiers des régimens de Grenadiers-royaux & des bataillons de Milice.*

A l'égard des Officiers des bataillons employés pour les communications, ils auront la liberté d'en prendre comme par le paffé ; mais il fera retenu fur leurs appointemens deux fols pour chaque ration de pain qui leur fera fournie.

Il fera accordé à chacun des Religieux qui auront été choifis pour fervir en qualité d'Aumôniers des régimens de Grenadiers-royaux ou des brigades de Milice, une fomme de trois cents livres, laquelle fera payée une feule fois, au commencement de la guerre, à chacun defdits Religieux pour leur donner moyen d'acheter un veftiaire & un cheval de monture. *Traitement des Aumôniers des régimens de Grenadiers - royaux ou des brigades de Milice.*

Ils jouiront de quatre-vingt-dix livres d'appointemens par mois de trente jours ; il leur fera délivré deux rations de pain par jour, en campagne feulement, & une ration de fourrage par jour, été & hiver, lorfque lefdits régimens feront deftinés à rentrer en campagne ; au moyen duquel traitement, lefdits Aumôniers feront tenus de s'entretenir de veftiaire, & de fe fournir de chevaux, fi bon leur femble.

Les Chirurgiens attachés aux régimens des Grenadiers-royaux, recevront, en paffant préfens aux revûes des Commiffaires des guerres, cinq livres d'appointemens par *Traitement des Chirurgiens attachés aux régimens de Grenadiers-royaux.*

jour, & deux rations de pain, auffi par jour; au moyen de quoi ils feront tenus de fe fournir tel équipage qui leur conviendra.

I V.

TROUPES LÉGÉRES.

RÉGIMENS des VOLONTAIRES de FLANDRE, du HAYNAULT, du DAUPHINÉ, de CLERMONT & d'AUSTRASIE.

Compagnies de Grenadiers.

LES régimens des Volontaires de Flandre, des Volontaires du Haynault, des Volontaires du Dauphiné, des Volontaires de Clermont & des Volontaires d'Auftrafie, compofés en conféquence de l'ordonnance du 22 novembre 1759, de neuf cents quarante-huit hommes chacun, divifés en dix-fept compagnies, dont une de Grenadiers de foixante hommes, huit de Fufiliers de foixante-onze, & huit de Dragons de quarante hommes chacune, feront payés, favoir;

La compagnie de Grenadiers de chaque régiment, compofée d'un Capitaine, un Lieutenant, un Sous-lieutenant, deux Sergens, un Fourrier, quatre Caporaux, quatre Anfpeffades, quarante-huit Grenadiers & un Tambour, fur le pied par jour, de fix livres treize fols quatre deniers au Capitaine, cinquante fols au Lieutenant, trente-trois fols quatre deniers au Sous-lieutenant, douze fols quatre deniers à chacun des deux Sergens, dix fols au Fourrier, huit fols huit deniers à chacun des quatre Caporaux, fept fols huit deniers à chacun des quatre Anfpeffades, fix fols huit deniers à chacun des quarante-huit Grenadiers & au Tambour.

Le Capitaine recevra de plus fix payes de gratification de fix fols huit deniers chacune, fa compagnie étant complète au nombre de foixante hommes, trois à cinquante-neuf, une à cinquante-huit, & aucune au deffous dudit nombre de cinquante-huit hommes.

Compagnies de Fufiliers.

Chacune des huit compagnies de Fufiliers, compofée d'un Capitaine, un Lieutenant, un Sous-lieutenant, trois Sergens, un Fourrier, fix Caporaux, fix Anfpeffades, cinquante-quatre Fufiliers & un Tambour; à raifon par

jour,

1. Mai 1761.

21

jour, de cinq livres au Capitaine, quarante fols au Lieutenant, trente fols au Sous-lieutenant, onze fols quatre
deniers à chacun des trois Sergens, neuf fols au Fourrier,
fept fols huit deniers à chacun des fix Caporaux, fix fols
huit deniers à chacun des fix Anfpeffades, & cinq fols
huit deniers à chacun des cinquante-quatre Fufiliers &
au Tambour.

Le Capitaine reçevra de plus fept payes de gratification de cinq fols huit deniers chacune, fa compagnie
étant complète à foixante-onze hommes, cinq de foixante-
neuf à foixante-dix, trois à foixante-fept & foixante-huit,
& aucune au deffous dudit nombre de foixante-fept.

Chacune des huit compagnies de Dragons, compofée
d'un Capitaine, un Lieutenant, un Cornette, un Maréchal-
des-logis, un Fourrier, deux Brigadiers, trente-fix Dragons & un Tambour; à raifon par jour, de fix livres au
Capitaine, cinquante fols au Lieutenant, quarante fols
au Cornette, vingt-fix fols huit deniers au Maréchal-des-
logis, dix fols fix deniers au Fourrier, huit fols à chacun
des deux Brigadiers, & fept fols à chacun des trente-fix
Dragons & au Tambour.

Compagnies de Dragons.

L'État-major de chacun des cinq régimens des Volontaires de Flandre, du Haynault, du Dauphiné, de
Clermont & d'Auftrafie, fera payé à raifon par jour, de
feize livres treize fols quatre deniers au Colonel, dix livres
au Lieutenant-colonel, qui ne doivent point avoir de
compagnie; fix livres au Major, trois livres fix fols huit
deniers à l'Aide-major d'Infanterie, quatre livres à l'Aide-
major de Dragons, trente fols à l'Aumônier, & trente
fols au Chirurgien.

État-major.

Le Colonel-commandant établi dans le régiment des
Volontaires d'Auftrafie, par ordonnance du 1.er mars
1760, fera payé de fes appointemens fur le pied de
dix livres par jour.

Sa Majefté ayant réglé que le premier Capitaine d'Infanterie de chacun de ces cinq régimens auroit le commandement de toute l'Infanterie du Corps, avec le rang

*Capitaines com-
mandant l'In-
fanterie.*

F

de Commandant de bataillon, il lui fera payé, en ladite qualité, trente-fix fols huit deniers par jour, indépendamment de fon traitement de Capitaine.

Sa Majefté ayant bien voulu conferver au fieur de Romé, ci-devant Lieutenant-colonel du régiment des Volontaires-Liégeois, les mêmes appointemens qu'il avoit en ladite qualité, en l'entretenant Lieutenant-colonel réformé à la fuite des Corps de Troupes légères, il fera payé fur le pied de dix livres par jour, jufqu'à ce qu'il foit pourvû de la première place de Lieutenant-colonel qui viendra à vaquer dans l'un defdits cinq régimens.

Ceux des Capitaines en fecond qui, après la nouvelle compofition de ces régimens, faite en conféquence de ladite ordonnance du 22 novembre dernier, fe font trouvés fans emploi, & que Sa Majefté a jugé à propos d'entretenir en qualité de Capitaines réformés à la fuite des corps de Troupes légères, continueront de jouir des mêmes appointemens qu'ils avoient, jufqu'à ce qu'ils foient remplacés à des compagnies lorfqu'il en vaquera.

La Légion-royale, portée par ordonnance du 10 février 1759, à dix-huit cents hommes en dix-fept compagnies, dont deux de Grenadiers de quarante-cinq hommes, douze de cent vingt-cinq hommes, dont foixante-quinze à pied, & cinquante Dragons montés, deux compagnies d'Huffards de foixante-quinze hommes, & une d'Ouvriers de foixante, continuera d'être payée, favoir;

Chacune des deux compagnies de Grenadiers, fur le pied par jour, de cinq livres au Capitaine, dont vingt fols de fupplément; cinquante fols au Lieutenant, quarante fols au Lieutenant en fecond, douze fols quatre deniers à chacun des deux Sergens, huit fols huit deniers à chacun des trois Caporaux, fept fols huit deniers

à chacun des trois Anfpeffades, fix fols huit deniers à chacun des trente-fix Grenadiers & au Tambour; & pareils fix fols huit deniers pour chacune des cinq payes de gratification, dont deux de fupplément, que le Capitaine recevra par jour, fa compagnie étant complète de qua-

1. Mai 1761.

23

·rante-cinq hommes, & rien au deſſous dudit nombre.

Chacune des douze compagnies de cent vingt-cinq hommes, dont ſoixante-quinze d'Infanterie & cinquante de Dragons, ſera payée à raiſon par jour, de ſix livres au Capitaine titulaire; & pour la partie de l'Infanterie, de cinquante-ſix ſols huit deniers au Capitaine en ſecond, dont ſix ſols huit deniers de ſupplément; quarante ſols au Lieutenant, dont cinq ſols de ſupplément; trente ſols au Lieutenant en ſecond, onze ſols quatre deniers à chacun des quatre Sergens, ſept ſols huit deniers à chacun des ſix Caporaux, ſix ſols huit deniers à chacun des ſix Anſpeſſades, & cinq ſols huit deniers à chacun des cinquante-huit Fuſiliers & au Tambour. *Compagnies de cent vingt-cinq hommes, dont ſoixante - quinze à pied, & cin-quante Dragons montés.*
Infanterie.

Le Capitaine titulaire recevra en outre neuf payes de gratification de cinq ſols huit deniers chacune, pour ſa compagnie d'Infanterie, lorſqu'elle ſera complète de ſoixante-quinze hommes, ſix à ſoixante-quatorze, trois à ſoixante-douze & ſoixante-treize, deux à ſoixante-onze, une à ſoixante-dix, & rien au deſſous dudit nombre de ſoixante-dix hommes. *Payes de gratification.*

Et pour la partie de Dragons, il ſera payé au Capi- taine en ſecond trois livres ſix ſols huit deniers, dont ſix ſols huit deniers de ſupplément, cinquante ſols au Lieutenant, dont dix ſols de ſupplément; quarante ſols au Lieutenant en ſecond, vingt-ſix ſols huit deniers au Maréchal-des-logis, dix ſols ſix deniers au Fourrier établi par ordonnance du premier novembre 1758, huit ſols à chacun des trois Brigadiers, & ſept ſols à chacun des quarante-cinq Dragons & un Tambour. *Dragons.*

Chacune des deux compagnies d'Huſſards, ſera payée à raiſon par jour, de ſix livres au Capitaine, trois livres au premier Lieutenant, cinquante ſols au ſecond Lieu- tenant, quarante-cinq ſols au Cornette, vingt-ſix ſols huit deniers à chacun des deux Maréchaux-des-logis, douze ſols au Fourrier, neuf ſols à chacun des ſix Brigadiers, & ſept ſols à chacun des ſoixante-ſept Huſſards & un Trompette. *Compagnies d'Huſſards.*

La compagnie d'Ouvriers de ſoixante hommes, ſera *Compagnie d'Ouvriers.*

payée à raison par jour, de quatre livres au Capitaine, quarante sols au Lieutenant, trente sols au Lieutenant en second, vingt-cinq sols au Sous-lieutenant, seize sols quatre deniers à chacun des trois Sergens, quatorze sols quatre deniers à chacun des trois Maîtres-ouvriers, douze sols deux deniers à chacun des trois Sous-maîtres, dix sols deux deniers à chacun des vingt-un Charpentiers, & huit sols deux deniers à chacun des trente Apprentifs, y compris le Tambour.

Payes de gratification. Le Capitaine recevra de plus six payes de gratification de huit sols deux deniers chacune, sa compagnie étant complète de soixante hommes, trois à cinquante-neuf, une à cinquante-huit, & rien au dessous dudit nombre de cinquante-huit hommes.

Charretier. Il sera payé vingt sols par jour au Charretier attaché à ladite compagnie, pour conduire le Caisson destiné à porter les outils & munitions, lequel Caisson sera attelé de trois chevaux, à chacun desquels il sera fourni une ration de fourrage.

Ttat-major. L'État-major de la Légion-royale, sera payé sur le pied par jour, de seize livres treize sols quatre deniers au Colonel-commandant, onze livres deux sols deux deniers deux tiers au Colonel-commandant en second, établi par ordonnance du 3 mai 1759, tant pour leurs appointemens en leurdite qualité, qu'en celle de Capitaine, ne devant point avoir de compagnie; quatre livres au Lieutenant-colonel, établi par la même ordonnance du 3 mai 1759, indépendamment de ses appointemens de Capitaine; six livres au Major, trois livres six sols huit deniers à chacun des deux Aides-major d'Infanterie, dont six sols huit deniers de supplément; quatre livres à chacun des deux Aides-major de Dragons, trente sols à chacun des Aumônier & Chirurgien, & vingt sols à chacun des Aide-chirurgien & Prevôt.

RÉGIMENT de VOLONTAIRES de SOUBISE. LE régiment de Volontaires de Soubise, créé par ordonnance du 20 février 1761, & composé de neuf cents quarante-huit hommes, divisé en dix-sept compagnies, dont une de Grenadiers de soixante hommes,

huit

25

huit de Fuſiliers de ſoixante-onze, & huit de Dragons de quarante hommes chacune, ſera payé, ſavoir;

La compagnie de Grenadiers, compoſée d'un Capi- *Compagnie de Grenadiers.* taine, un Lieutenant, un Sous-lieutenant, deux Sergens, un Fourrier, quatre Caporaux, quatre Anſpeſſades, quarante-huit Grenadiers & un Tambour, à raiſon par jour, de ſix livres treize ſols quatre deniers au Capitaine, cinquante ſols au Lieutenant, trente-trois ſols quatre deniers au Sous-lieutenant, douze ſols quatre deniers à chacun des deux Sergens, dix ſols au Fourrier, huit ſols huit deniers à chacun des quatre Caporaux, ſept ſols huit deniers à chacun des quatre Anſpeſſades, ſix ſols huit deniers à chacun des quarante-huit Grenadiers & au Tambour.

Le Capitaine recevra de plus ſix payes de gratification de ſix ſols huit deniers chacune, ſa compagnie étant complète au nombre de ſoixante hommes, trois à cinquante-neuf, une à cinquante-huit, & aucune au deſſous dudit nombre de cinquante-huit hommes.

Chacune des compagnies de Fuſiliers, compoſée *Compagnies de Fuſiliers.* d'un Capitaine, un Lieutenant, un Sous-lieutenant, trois Sergens, un Fourrier, ſix Caporaux, ſix Anſpeſſades, cinquante-quatre Fuſiliers & un Tambour, ſera payée à raiſon par jour, de cinq livres au Capitaine, quarante ſols au Lieutenant, trente ſols au Sous-lieutenant, onze ſols quatre deniers à chacun des trois Sergens, neuf ſols au Fourrier, ſept ſols huit deniers à chacun des ſix Caporaux, ſix ſols huit deniers à chacun des ſix Anſpeſſades, & cinq ſols huit deniers à chacun des cinquante-quatre Fuſiliers & au Tambour.

Le Capitaine recevra de plus ſept payes de gratification de cinq ſols huit deniers chacune, ſa compagnie étant complète à ſoixante-onze hommes, cinq de ſoixante-neuf à ſoixante-dix, trois à ſoixante-ſept & ſoixante-huit, & aucune au deſſous dudit nombre de ſoixante-ſept.

Chacune des huit compagnies de Dragons, com- *Compagnies de Dragons.* poſée d'un Capitaine, un Lieutenant, un Cornette, un

G

Maréchal-des-logis, un Fourrier, deux Brigadiers, trente-six Dragons & un Tambour, sera payée à raison par jour, de six livres au Capitaine, cinquante sols au Lieutenant, quarante sols au Cornette, vingt - six sols huit deniers au Maréchal - des - logis, dix sols six deniers au Fourrier, huit sols à chacun des deux Brigadiers, & sept sols à chacun des trente-six Dragons & au Tambour.

Etat-major. L'État - major dudit régiment, sera payé à raison par jour, de dix livres au Colonel, six livres treize sols quatre deniers au Colonel en second, dix livres au Lieutenant-colonel, qui ne doivent point avoir de compagnie; six livres au Major, trois livres six sols huit deniers à l'Aide - major d'Infanterie, quatre livres à l'Aide - major de Dragons, trente sols à l'Aumônier, & trente sols au Chirurgien.

Premier Capitaine commandant l'Infanterie. Sa Majesté ayant réglé que le premier Capitaine d'Infanterie de ce régiment, auroit le commandement de toute l'Infanterie du corps, avec rang de Commandant de bataillon, il lui sera payé en ladite qualité trente-six sols huit deniers par jour, indépendamment de son traitement de Capitaine.

Capitaines & Lieutenans des Corps de Chasseurs de Berchény & de Turpin, entretenus à la suite des Corps de Troupes légères. Les Capitaines & Lieutenans des corps de Chasseurs de Berchény & de Turpin, que Sa Majesté a jugé à propos, par ses ordonnances des 31 mars & 20 avril derniers, d'incorporer à la suite des différens corps de Troupes légères, continueront de jouir des mêmes appointemens dont ils jouissoient dans les Chasseurs, jusqu'à leur remplacement.

RÉGIMENT ROYAL-CANTABRES. LE régiment Royal-Cantabres, composé, par ordonnance du 27 septembre 1760, d'un bataillon de six cents quatre - vingt-cinq hommes, en neuf compagnies, dont une de Grenadiers de quarante-cinq hommes, & huit de Fusiliers de quatre-vingts hommes chacune, sera payé sur le pied par jour, savoir;

Compagnie de Grenadiers. La compagnie de Grenadiers, de six livres au Capitaine, quarante sols au Lieutenant, vingt-six sols huit deniers au Sous-lieutenant, douze sols quatre deniers à chacun des

27

deux Sergens, onze fols deux deniers au Fourrier, dix fols deux deniers au Capitaine d'armes, huit fols huit deniers à chacun des trois Caporaux, fept fols huit deniers à chacun des trois Anfpeffades, & fix fols huit deniers à chacun des trente-cinq Grenadiers ou Tambour.

Le Capitaine recevra de plus cinq payes de gratifica-tion de fix fols huit deniers chacune, fa compagnie étant complète de quarante-cinq hommes, & aucune au deffous dudit nombre. *Payes de gratification.*

Chacune des huit compagnies de Fufiliers, fera payée fur le pied par jour, favoir; *Compagnies de Fufiliers.*

A chacun des Capitaines des quatre premières com-pagnies, de cinq livres fix fols huit deniers.

A chacun des Capitaines des quatre dernières com-pagnies, de quatre livres treize fols quatre deniers.

A chaque Lieutenant, trente-trois fols quatre deniers.

A chaque Sous-lieutenant, vingt-cinq fols.

A l'égard des Sergens, Fourriers, Capitaines d'armes, Caporaux, Anfpeffades, Fufiliers & Tambours, ils feront payés fur le pied par jour, de douze fols quatre deniers à chacun des quatre Sergens, dix fols deux deniers au Fourrier, neuf fols deux deniers au Capitaine d'armes, fept fols huit deniers à chacun des fix Caporaux, fix fols huit deniers à chacun des fix Anfpeffades, & cinq fols huit deniers à chacun des foixante-deux Fufiliers ou Tambours.

Le Capitaine de Fufiliers recevra de plus dix payes de gratification de cinq fols huit deniers chacune, fa com-pagnie étant complète de quatre-vingts hommes, fix à foixante-dix-huit, deux feulement à foixante-feize, & aucune au deffous dudit nombre de foixante-feize. *Payes de gratification.*

Les Capitaines en fecond, qui font encore d'excédant dans ce régiment, feront employés en leurdite qualité aux premières compagnies de Fufiliers, & feront payés de leurs appointemens, fur le pied de cinquante-fix fols huit deniers par jour, jufqu'à ce qu'ils foient pourvûs de compagnies, Sa Majefté voulant qu'il ne foit nommé aucun *Capitaines en fecond.*

Lieutenant à des compagnies que lorſqu'il n'y aura plus de Capitaines en ſecond.

État-major. L'État-major de ce régiment, continuera d'être payé ſur le pied par jour, de ſeize livres treize ſols quatre deniers au Colonel-lieutenant, dix livres au Lieutenant-colonel qui n'ont point de compagnie; ſix livres au Major, trois livres ſix ſols huit deniers à l'Aide-major, trente ſols à l'Aumônier, vingt ſols au Chirurgien, & douze ſols à chacun des quatre Tambourins.

Veut Sa Majeſté que les Capitaines qui jouiſſoient, avant ladite ordonnance du 27 ſeptembre dernier, de cinq livres d'appointemens, & qui, ſuivant cette même ordonnance, ne toucheroient que quatre livres treize ſols quatre deniers, continuent de recevoir cinq livres par jour, juſqu'à ce qu'ils ſoient montés à des appointemens ſupérieurs, & que ceux qui les remplaceront ne reçoivent, ainſi qu'il eſt preſcrit par l'article III de cette ordonnance, que quatre livres treize ſols quatre deniers. L'intention de Sa Majeſté eſt auſſi que les Lieutenans & Lieutenans en ſecond, qui étoient en place avant ladite ordonnance, continuent de recevoir les appointemens qui leur ſont réglés par l'ordonnance de ſolde du 25 février 1760, qu'ils en jouiſſent juſqu'à ce qu'ils ſoient parvenus à des appointemens égaux ou ſupérieurs, & que la réduction n'ait lieu que pour ceux qui les remplaceront; Elle ordonne à cet effet aux Commiſſaires des guerres, qui auront la police de ce régiment, d'en faire une mention exacte ſur leurs revûes.

RÉGIMENT de DRAGONS-CHASSEURS de CONFLANS. SA MAJESTÉ ayant jugé à propos, par ſon ordonnance du 27 avril dernier, de mettre le corps de Chaſſeurs de Fiſcher, ſous le titre de *Régiment de Dragons-chaſſeurs de Conflans*, & d'en donner le commandement au ſieur Marquis de Conflans, en qualité de Colonel;

Compoſition. ce régiment, compoſé de ſeize compagnies, dont huit de ſoixante-quinze Dragons-chaſſeurs à pied chacune, & huit de Dragons-chaſſeurs à cheval, continuera d'être payé ſur le pied par jour, ſavoir;

Chacune

Chacune des huit compagnies de Dragons-chasseurs à pied, de soixante-quinze hommes, à raison de cinquante-six sols huit deniers au Capitaine en second, dont six sols huit deniers de supplément; quarante sols au premier Lieutenant, dont cinq sols de supplément; trente-trois sols quatre deniers au second Lieutenant, dont trois sols quatre deniers de supplément; vingt sols à chacun des quatre Sergens, seize sols à chacun des six Caporaux, quatorze sols à chacun des six Anspessades & des six Grenadiers, & dix sols à chacun des cinquante-trois Dragons à pied. *Compagnies de Dragons-chasseurs à pied.*

Sa Majesté ayant établi, par son ordonnance du 22 novembre 1759, un Sous-lieutenant en chacune desdites huit compagnies, son intention est qu'il soit payé, sur le pied de vingt-cinq sols par jour, en passant présent aux revûes des Commissaires des guerres. *Sous-lieutenans.*

Chacune des huit compagnies de Dragons - chasseurs à cheval, de soixante - quinze hommes, à raison de quatre livres au premier Capitaine en second, dont treize sols quatre deniers de supplément; cinquante - six sols huit deniers au second Capitaine en second, dont six sols huit deniers de supplément; cinquante sols au premier Lieutenant, dont cinq sols de supplément; quarante sols au second Lieutenant, vingt-six sols huit deniers à chacun des deux Maréchaux-des-logis, seize sols à chacun des six Brigadiers, & dix sols à chacun des soixante-neuf Dragons-chasseurs à cheval. *Compagnies de Dragons - chasseurs à cheval.*

L'État-major dudit Corps, sera payé sur le pied par jour, savoir; de quinze livres au Colonel, tant en ladite qualité, qu'en celle de Capitaine en premier des compagnies à pied & à cheval; pareilles quinze livres au sieur Fischer en qualité de premier Lieutenant-colonel; dix livres au second Lieutenant - colonel, six livres au Major, trois livres six sols huit deniers à chacun des deux Aides-majors, trente sols à l'Aumônier, vingt sols au Chirurgien, & pareils vingt sols au Prevôt. *État - major.*

Les Surnuméraires que Sa Majesté avoit autorisé le sieur Fischer d'admettre dans ledit Corps, par son ordonnance *Surnuméraires.*

particulière du 15 août 1757, continueront d'être payés de leur folde fur le pied de dix fols chacun par jour; fuivant les revûes des Commiffaires des guerres, en obfervant de ne point excéder le nombre de huit cents hommes fixé par ladite ordonnance, fans aucune haute-paye ni autre dépenfe pour Sa Majefté, jufqu'au premier juin prochain, qu'ils doivent ceffer de la recevoir.

Entend Sa Majefté qu'au moyen du traitement ci-deffus, le Colonel foit chargé de l'habillement, armement, équipement & entretien defdits Dragons-chaffeurs, tant à pied qu'à cheval.

Fusiliers de Montagne.

Le corps des Fufiliers de Montagne, compofé de cent vingt hommes, en trois compagnies de quarante hommes chacune, fera payé, favoir;

Compagnies.

Chaque compagnie fur le pied par jour, de quatre livres au Capitaine en premier, dont vingt fols de fupplément; trois livres au Capitaine en fecond, dont dix fols de fupplément; trente-trois fols quatre deniers au Lieutenant, y compris trois fols quatre deniers de fupplément; quinze fols quatre deniers à chacun des trois Brigadiers, onze fols deux deniers à chacun des trois Sous-brigadiers, & neuf fols deux deniers à chacun des trente-trois Fufiliers & au Tambour.

Il fera retenu pour l'habillement, armement & équipement defdites trois compagnies, quatre fols par jour fur la folde de chaque Brigadier, trois fols fur celle de chaque Sous-brigadier, & deux fols fur celle de chaque Fufilier & Tambour: Mais comme cette retenue ne peut avoir lieu fur la folde que pour le nombre d'hommes dont les compagnies fe trouveront compofées aux revûes des Commiffaires des guerres, ce qui opéreroit un vuide au Capitaine dans les fonds deftinés aux réparations de fa troupe; & Sa Majefté voulant y fuppléer, Elle veut bien prendre fur fon compte les deux fols affectés à l'habillement, équipement & armement de chacun des Fufiliers qui manqueront aux revûes, afin que cela compofe une fomme toûjours égale, fans avoir égard aux hommes qui

31

pourroient manquer dans les compagnies, pour com-
pofer à la fin de l'année une Maffe complète fur le pied
ci-deffus, laquelle demeurera entre les mains du Tréforier
général de l'Extraordinaire des guerres, pour être payée
fur la main-levée d'un Infpecteur d'Infanterie ; au moyen
de quoi, chaque Capitaine fera chargé de l'entretien
général de fa troupe.

L'État-major dudit corps de Fufiliers de Montagne, *État-major.*
fera payé à raifon par jour, de fix livres treize fols quatre
deniers au Commandant, dont trente-trois fols quatre
deniers de fupplément, tant pour fes appointemens en
ladite qualité, que pour lui tenir lieu de ceux de Capitaine, ne devant être attaché à aucune compagnie ; &
trois livres fix fols huit deniers à l'Aide-major, y compris
feize fols huit deniers de fupplément.

LA compagnie de Fufiliers-guides, créée par ordon- *COMPAGNIE*
nance du 26 décembre 1756, fur le pied de vingt-cinq *de*
hommes, dont treize à pied & douze à cheval, & portée *FUSILIERS-*
par celle du 19 mars 1760, à quarante hommes à *GUIDES.*
cheval, fera payée à raifon par jour, de quatre livres
au Capitaine, vingt-fept fols huit deniers au Lieutenant, vingt fols au Sous-lieutenant, treize fols quatre
deniers à chacun des deux Sergens, dix fols huit deniers
à chacun des deux Caporaux, huit fols huit deniers à
chacun des deux Anfpeffades, & fix fols huit deniers à
chacun des trente-quatre Fufiliers-guides. Le Capitaine
recevra de plus trois payes de gratification de fix fols *Payes*
huit deniers chacune, la compagnie étant complète de *de gratification.*
quarante hommes.

LA compagnie de Guides, créée par ordonnance du *COMPAGNIE*
20 février 1761, pour fervir à l'armée du Bas-Rhin, *de GUIDES*
compofée d'un Capitaine, un Lieutenant, un Sous- *pour fervir à*
lieutenant, & de quarante Guides à cheval, dont deux *l'armée du Bas-*
Sergens, deux Caporaux & deux Anfpeffades, fera payée *Rhin.*
à raifon par jour, de quatre livres au Capitaine, vingt-
fept fols huit deniers au Lieutenant, vingt fols au Sous-
lieutenant, treize fols quatre deniers à chacun des deux

Sergens, dix sols huit deniers à chacun des deux Caporaux, huit sols huit deniers à chacun des deux Anspessades, & six sols huit deniers à chacun des trente-quatre Guides.

Payes de gratification. Le Capitaine recevra de plus trois payes de gratification de six sols huit deniers chacune, sa compagnie étant complète de quarante hommes.

COMPAGNIE FRANCHE de VOLONTAIRES. LA compagnie franche de Volontaires, créée par ordonnance du 12 décembre 1759, composée de cent cinquante hommes, dont cent à pied & cinquante à cheval, sous la dénomination de Dragons, & commandée par le sieur de Cambefort, sera payée sur le pied par jour, de six livres au Capitaine titulaire.

Infanterie. La partie d'Infanterie, composée d'un Capitaine en second, d'un Lieutenant, un Sous-lieutenant, quatre Sergens, six Caporaux, six Anspessades, quatre-vingt-deux Fusiliers & deux Tambours, de trois livres six sols huit deniers au Capitaine en second, de quarante sols au Lieutenant, trente sols au Sous-lieutenant, onze sols quatre deniers à chacun des quatre Sergens, sept sols huit deniers à chacun des six Caporaux, six sols huit deniers à chacun des six Anspessades, & cinq sols huit deniers à chacun des quatre-vingt-quatre Fusiliers & Tambours.

Dragons. La partie de Dragons, composée d'un Lieutenant, un Sous-lieutenant, deux Maréchaux-des-logis, deux Brigadiers, quarante-sept Dragons & un Tambour, de cinquante sols au Lieutenant, quarante sols au Sous-lieutenant, vingt-six sols huit deniers à chacun des deux Maréchaux-des-logis, huit sols à chacun des deux Brigadiers, & sept sols à chacun des quarante-sept Dragons & au Tambour.

COMPAGNIE FRANCHE de MONET. LA compagnie franche de Monet, créée par ordonnance du 31 mars dernier, composée de cent cinquante hommes, dont soixante Chasseurs à pied, quarante Chasseurs à cheval, & cinquante Hussards, sera payée sur le pied par jour, de six livres treize sols quatre deniers au Capitaine titulaire.

La

1. *Mai* 1761.

33

La partie de Chaſſeurs à pied, compoſée d'un Capi- *Chaſſeurs à pied.* taine en ſecond, un premier Lieutenant, un ſecond Lieutenant, un Capitaine d'armes, un Maître-ouvrier, un Armurier - artificier, trois Charpentiers, deux Ser- gens, deux Caporaux, deux Anſpeſſades, deux Corneurs, quarante-cinq Chaſſeurs & deux Tambours, de deux livres ſeize ſols huit deniers au Capitaine en ſecond, deux livres au premier Lieutenant, une livre dix ſols au ſecond Lieutenant, quatorze ſols au Capitaine d'armes, quatorze ſols quatre deniers au Maître-ouvrier, dix ſols deux deniers à l'Armurier - artificier & à chacun des trois Charpentiers, onze ſols quatre deniers à chacun des deux Sergens, ſept ſols huit deniers à chacun des deux Caporaux, ſix ſols huit deniers à chacun des deux Anſpeſſades, & cinq ſols huit deniers à chacun des Corneurs, Chaſſeurs & Tambours.

La partie de Chaſſeurs à cheval, compoſée d'un *Chaſſeurs* Capitaine en ſecond, un premier Lieutenant, un ſecond *à cheval.* Lieutenant, un Maréchal - des - logis, deux Brigadiers, deux Sous - brigadiers, trente-cinq Chaſſeurs & un Trompette, de trois livres ſix ſols huit deniers au Capi- taine en ſecond, cinquante ſols au premier Lieutenant, quarante ſols au ſecond Lieutenant, vingt-ſix ſols huit deniers au Maréchal-des-logis, neuf ſols à chacun des deux Brigadiers, & huit ſols à chacun des Sous - briga- diers, Chaſſeurs & Trompettes.

La partie des Huſſards, compoſée d'un Capitaine en *Huſſards.* ſecond, un premier Lieutenant, un ſecond Lieutenant, un Maréchal-des-logis, un Fourrier, trois Brigadiers, trois Sous-brigadiers, quarante-deux Huſſards & deux Trompettes, de trois livres ſix ſols huit deniers au Ca- pitaine en ſecond, cinquante ſols au premier Lieutenant, quarante ſols au ſecond Lieutenant, vingt-ſix ſols huit deniers au Maréchal-des-logis, dix ſols ſix deniers au Fourrier, huit ſols à chacun des trois Brigadiers, & ſept ſols à chacun des Sous - brigadiers, Huſſards & Trompettes.

I

COMPAGNIE
de
CHASSEURS
À PIED
de PONCET.

LA compagnie de Chaſſeurs à pied de Poncet, créée par ordonnance du 7 mars 1761, compoſée d'un Capitaine titulaire, deux Capitaines en ſecond, deux Lieutenans, deux Sous-lieutenans, huit Sergens, douze Caporaux, douze Anſpeſſades, cent ſoixante - quatre Chaſſeurs & quatre Tambours, ſera payée ſur le pied par jour, de huit livres au Capitaine titulaire, cinq livres à chacun des deux Capitaines en ſecond, cinquante ſols, à chacun des deux Lieutenans, trente-trois ſols quatre deniers à chacun des deux Sous - lieutenans, onze ſols quatre deniers à chacun des huit Sergens, ſept ſols huit deniers à chacun des douze Caporaux, ſix ſols huit deniers à chacun des douze Anſpeſſades, cinq ſols huit deniers à chacun des cent ſoixante - quatre Chaſſeurs & quatre Tambours.

Payes de gratification. Le Capitaine recevra de plus dix-huit payes de gratification, ſa compagnie étant complète de deux cents hommes, quinze de cent quatre-vingt-dix-ſept à cent quatre-vingt-dix-neuf, douze à cent quatre-vingt-quinze & cent quatre-vingt-ſeize, & rien au deſſous dudit nombre de cent quatre-vingt-quinze hommes.

Supplément d'appointemens aux deux Capitaines en ſecond. Il ſera de plus payé un ſupplément de vingt ſols par jour à chacun des deux premiers Capitaines en ſecond de ladite compagnie, ſans tirer à conſéquence pour ceux qui les remplaceront, leſquels ne toucheront que les cinq livres par jour ci-deſſus réglés.

MASSE des Troupes légères. Outre la ſolde ci-deſſus réglée pour les régimens des Volontaires de Flandre, du Haynault, de Dauphiné, de Clermont & d'Auſtraſie, la Légion-royale, les Volontaires de Soubiſe, le régiment Royal-Cantabres, les compagnies de Fuſiliers - guides, les compagnies franches de Volontaires & de Chaſſeurs, il ſera payé vingt-quatre deniers par jour pour chaque Sergent & Maître-ouvrier, dont quatre deniers d'augmentation ; & douze deniers, dont deux d'augmentation, pour chaque Caporal, Anſpeſſade, Grenadier, Fuſilier, Ouvrier, Armurier, Artificier, Corneur, Brigadier, Sous-brigadier, Volontaire, Chaſſeur, Cavalier,

35

Dragon, Fuſilier-guide, Trompette, Timbalier & Tambour, pour former une Maſſe toûjours complète par année, laquelle reſtera entre les mains du Tréſorier général de l'Extraordinaire des guerres, pour être délivrée & employée, comme il eſt réglé à l'article de la Maſſe de l'Infanterie françoiſe; Sa Majeſté voulant que ladite Maſſe ait lieu au complet, ainſi qu'elle eſt fixée ci-deſſus, pour tous leſdits Corps.

Sa Majeſté ayant bien voulu accorder des gratifications attachées aux charges, aux Lieutenans-colonels, Majors & Aides-majors de pluſieurs deſdits régimens de Troupes légères, ils en feront payés ſuivant les ordres particuliers qu'Elle en fera expédier chaque année. *Gratifications attachées aux charges.*

Entend Sa Majeſté, que ſur la paye des Sergens, Caporaux, Anſpeſſades, Grenadiers, Fuſiliers & Tambours, il en ſoit affecté à l'entretien du linge & chauſſure, ſavoir; ſeize deniers pour chaque Sergent, dont quatre deniers de ſupplément; & huit deniers auſſi par jour, dont deux deniers de ſupplément, pour chaque Caporal, Anſpeſſade, Grenadier, Fuſilier & Tambour, tant des troupes d'Infanterie françoiſe & de la Milice, que des Troupes légères.

V.

RÉGIMENS SUISSES et GRISONS.

Les compagnies des régimens Suiſſes & Griſons, qui ont été ou feront mis à la ſolde de guerre, en vertu des ordonnances particulières que Sa Majeſté en a fait ou en fera expédier, recevront cette ſolde juſqu'à ce qu'Elle en ordonne autrement, ſur le pied de dix-ſept livres huit ſols pour chaque homme par mois, les Officiers compris, & pour chacune des quarante payes de gratification que Sa Majeſté accorde au Capitaine, à tel nombre d'hommes que ſa compagnie paſſe aux revûes des Commiſſaires des guerres, ſur laquelle ſolde il ſera retenu deux ſols pour chacune des rations de pain de munition qui feront *SUISSES & GRISONS. Compagnies.*

Payes de gratification.

Retenue pour le pain.

fournies auxdites compagnies, suivant les revûes des Commissaires des guerres préposés à cet effet.

État-major. L'État-major de chacun des régimens Suisses & Grisons, qui sera à la paye de guerre, sera payé à raison de dix-neuf cents soixante livres huit sols par mois, au lieu de mille livres, aussi par mois, qu'il reçoit lorsque les régimens sont à la solde de paix.

Solde de garnison. A l'égard de ceux desdits régimens, auxquels Sa Majesté n'aura point accordé d'ordre particulier pour être mis à la solde de guerre, ils continueront d'être payés en conformité de ce qui est réglé par l'ordonnance du 25 février 1760.

V I.

INFANTERIE ÉTRANGÉRE.

RÉGIMENS ALLEMANDS D'ALSACE, D'ANHALT, LA MARCK, ROYAL-SUÉDOIS, ROYAL-BAVIÈRE, NASSAU & ROYAL-DEUX-PONTS. Les régimens d'Infanterie allemande d'Alsace, d'Anhalt, la Marck, Royal-Suédois, Royal-Bavière, Nassau & Royal-Deux-Ponts, auxquels Sa Majesté a jugé à propos, par son ordonnance du 18 janvier 1760, de faire plusieurs changemens dans la composition & la solde, composés actuellement, savoir, le régiment d'Alsace de quatre bataillons, & chacun des six autres de trois bataillons.

Chaque bataillon composé de neuf compagnies, dont une de Grenadiers de cinquante-deux hommes, & huit de Fusiliers de soixante-dix-neuf hommes, sera payé sur le pied, savoir ;

Compagnies de Grenadiers. La compagnie de Grenadiers, composée d'un Capitaine, un Lieutenant, un Sous-lieutenant, deux Sergens, un Fourrier, quatre Caporaux, deux Appointés, quarante-deux Grenadiers & un Tambour, sur le pied par jour, de six livres au Capitaine, cinquante-trois sols quatre deniers au Lieutenant, quarante sols au Sous-lieutenant, vingt sols au premier Sergent, treize sols au second Sergent, dix sols au Fourrier, huit sols à chacun des quatre Caporaux, sept sols six deniers à chacun des deux Appointés, six sols six deniers à chacun des quarante-deux Grenadiers, & huit sols au Tambour.

Chaque

37

Chaque compagnie de Fuſiliers, compoſée d'un Capi- *Compagnies de Fuſiliers.*
taine, un Lieutenant, un Sous-lieutenant, quatre Sergens,
un Fourrier, huit Caporaux, quatre Appointés, ſoixante
Fuſiliers & deux Tambours, ſur le pied par jour, ſavoir;

Aux Capitaines des deux premières compagnies, cinq
livres ſix ſols huit deniers chacun.

Aux Capitaines des deux compagnies qui ſuivent par
leur rang, cinq livres chacun.

Aux Capitaines des quatre dernières compagnies, quatre
livres treize ſols quatre deniers à chacun.

A chaque Lieutenant, cinquante ſols.

A chaque Sous-lieutenant, trente-trois ſols quatre
deniers.

A l'égard des Sergens, Caporaux, Appointés, Fuſiliers
& Tambours deſdites compagnies de Fuſiliers, ils feront
payés ſur le pied par jour, de vingt ſols au premier Sergent, douze ſols à chacun des trois autres, neuf ſols au
Fourrier, ſept ſols à chacun des huit Caporaux, ſix ſols
ſix deniers à chacun des quatre Appointés, cinq ſols ſix
deniers à chacun des ſoixante Fuſiliers, & ſept ſols à
chacun des deux Tambours.

L'intention de Sa Majeſté eſt qu'il ſoit fourni en campagne, aux Officiers deſdits régimens, du pain de munition *gratis,* ſur le même pied qu'à ceux des régimens
d'Infanterie françoiſe, & aux Sergens, Fourriers, Caporaux, Appointés, Grenadiers, Fuſiliers & Tambours, à la
retenue de deux ſols par ration ſur leur ſolde.

Il ſera pareillement fourni de la viande en campagne
aux Sergens, Fourriers, Caporaux, Appointés, Grenadiers,
Fuſiliers & Tambours, à la retenue d'un ſol par ration,
auſſi ſur leur ſolde.

Veut Sa Majeſté que les Commandans de bataillon,
ſoient compris, pour leurs appointemens de Capitaine,
dans la claſſe des premiers Capitaines; mais les Colonels,
les Colonels-commandans & les Lieutenans-colonels ne
feront compris pour leurs appointemens de Capitaine
que dans la claſſe des derniers.

K

Capitaines-lieutenans. Sa Majefté ayant établi dans chacune des compagnies Colonelle, Colonelle-commandante, Lieutenante - colonelle & Commandante de bataillon, un Capitaine-lieutenant, pour fuppléer au fervice de ces Officiers fupérieurs, il fera payé à raifon de quatre livres par jour, & aura le rang & les prérogatives de Capitaine en pied.

Enfeignes. Les deux Enfeignes par bataillon, établis pour porter les drapeaux, feront payés à raifon de vingt-fix fols huit deniers chacun par jour.

État-major du régiment d'Alface. L'État-major du régiment d'Alface, compofé d'un Colonel, lequel ne doit point jouir d'appointemens, un Colonel en fecond, un Colonel-commandant, un Lieutenant - colonel, trois Commandans de bataillon, un Major, quatre Aides-major, quatre Sous - aides - major, deux Interprètes, un Aumônier, un Chirurgien, un Auditeur, un Prevôt, un Greffier, un Tambour-major, deux Archers & un Exécuteur, fera payé à raifon par jour, de trente-trois livres fix fols huit deniers au Colonel en fecond, qui en jouira jufqu'à ce qu'il plaife à Sa Majefté d'en faire jouir le Colonel titulaire; feize livres treize fols quatre deniers au Colonel - commandant, huit livres fix fols huit deniers au Lieutenant-colonel, quarante fols à chaque Commandant de bataillon, indépendamment de leur traitement de Capitaine; dix livres au Major, quatre livres à chaque Aide-major, trois livres fix fols huit deniers à chacun des Sous-aides-major, trois livres fix fols huit deniers à chacun des premier & fecond Interprètes, trente fols à l'Aumônier, trente-trois fols quatre deniers au Chirurgien, pareils trente - trois fols quatre deniers à l'Auditeur, vingt-fix fols huit deniers au Prevôt, treize fols quatre deniers au Greffier, pareils treize fols quatre deniers au Tambour-major; & douze fols à chacun des deux Archers & à l'Exécuteur.

États-majors des régimens d'Anhalt, la Marck, Royal-Suédois, L'État - major de chacun des régimens d'Anhalt, la Marck, Royal-Suédois, Royal - Bavière & Naffau, compofé d'un Colonel, un Colonel - commandant, un Lieutenant - colonel, deux Commandans de bataillon, un

39

Major, trois Aides-major, trois Sous-aides-major, deux Interprètes, un Aumônier, un Chirurgien, un Auditeur, un Prevôt, un Greffier, un Tambour-major, deux Archers & un Exécuteur, fera payé par jour fur le pied ci-deffus réglé pour les Officiers de l'État-major du régiment d'Alface. *Royal-Bavière & Naffau.*

L'État-major du régiment Royal-Deux-Ponts, compofé d'un Colonel-lieutenant, un Colonel-commandant, un Lieutenant-colonel, deux Commandans de bataillon, un Major, trois Aides - major, trois Sous - aides - major, un Interprète, un Aumônier, un Chirurgien, un Auditeur, un Prevôt, un Greffier, un Tambour - major, deux Archers & un Exécuteur, fera auffi payé par jour fur le pied réglé ci-deffus pour les Officiers de l'État-major du régiment d'Alface. *État-major du régiment Royal-Deux-Ponts.*

Les Colonels des régimens incorporés, entretenus en qualité de Colonels réformés à la fuite des régimens dans lefquels ceux qu'ils commandoient ont été incorporés, feront payés fur le pied par mois, de mille livres aux fieurs Comtes de Saint-Germain & de Lowendal, & de cinq cents foixante livres aux S.ᵗˢ Comtes de Lewenhaupt & de Bergh, jufqu'à ce qu'ils foient remplacés.

Sa Majefté ayant bien voulu continuer aux Lieutenans-colonels & Commandans de bataillon des régimens incorporés, entretenus réformés à la fuite des régimens dans lefquels ceux où ils fervoient font incorporés, les mêmes appointemens dont ils jouiffoient jufqu'à leur remplacement, ils feront payés par mois, favoir;

Le fieur Gelb, Lieutenant - colonel du régiment de Saint-Germain, incorporé dans celui de Naffau, fur le pied de deux cents quatre-vingts livres par mois, dont cent trente livres comme Capitaine, & cent cinquante comme Lieutenant-colonel.

Et le Commandant du fecond bataillon du régiment de Lowendal, fur le pied de deux cents dix livres, auffi par mois, dont cent cinquante livres comme Capitaine, & foixante livres comme Commandant de bataillon.

Les Capitaines réformés à la fuite des compagnies

auxquelles ils étoient attachés avant l'incorporation, seront payés de leurs appointemens, sur le pied de quatre-vingt-dix livres par mois.

Les Lieutenans réformés, qui étoient Lieutenans en second avant l'incorporation, seront payés de leurs appointemens, sur le pied de cinquante livres par mois.

L'intention de Sa Majesté étant qu'il soit entretenu à la suite de chacun de ces régimens un Capitaine, un Lieutenant, un Sous-lieutenant, quatre Sergens & huit Caporaux surnuméraires, sans être attachés à aucune compagnie, devant être uniquement employés au travail des recrues, ils seront payés sur le pied par jour, de quatre livres six sols huit deniers au Capitaine, cinquante sols au Lieutenant, trente-trois sols quatre deniers au Sous-lieutenant, vingt sols à chacun des quatre Sergens, & quinze sols à chacun des huit Caporaux.

Masse pour l'habillement. Outre la solde ci-dessus réglée pour les régimens d'Infanterie allemande, il sera payé, à titre de Masse, quatre livres dix sols par homme par mois, sur le pied complet de chaque compagnie, à tel nombre qu'elle passe aux revûes des Commissaires des guerres, & pour chacun des quatre Sergens & huit Caporaux surnuméraires, employés pour les Recrues dans chaque régiment, dont trente sols seront uniquement affectés à l'entretien du Soldat, & les trois livres restant, seront affectées particulièrement à l'habillement, l'équipement & l'armement. Les Commandans des Corps seront responsables de cette Masse, dont la propriété appartiendra au Capitaine; & s'il arrivoit que par un défaut d'économie elle ne suffît pas, le Capitaine sera obligé d'y suppléer, même avec ses appointemens, l'intention de Sa Majesté étant que les Commandans des Corps répondent personnellement des dettes qui seront contractées relativement à cet objet. Si au contraire il y a du revenant-bon, il appartiendra au Capitaine; & sur le compte qui en sera rendu à l'Inspecteur, il en ordonnera la main-levée au profit du Capitaine, après cependant que chaque régiment aura une année de Masse en caisse.

II

Il fera pareillement payé tous les mois cent foixante- *Masse pour les Recrues.*
fix livres treize fols quatre deniers pour chacune des
compagnies de Grenadiers & de Fufiliers, dont il fera
fait une Maffe, pour fervir, tant à la levée des recrues,
que pour le rengagement des anciens Soldats; laquelle
Maffe fera payée, avec la folde, ainfi que la Maffe de
l'habillement.

Il fera payé de plus à la fin de chaque mois, par forme
de gratification, à chaque Capitaine vingt fols par homme,
fur le pied complet, à tel nombre que fe trouve fa
compagnie à la revûe; au moyen de laquelle fomme, le
Capitaine fera chargé de la réparation des armes, de
fournir de poudre à poudrer, de craie, &c. & de payer
le Chirurgien de la compagnie, Sa Majefté voulant bien
que ce Chirurgien foit compris dans le nombre des
Soldats.

Sa Majefté voulant que le travail des Recrues en com-
mun ne difpenfe pas les Capitaines de faire des recrues
par eux-mêmes, fon intention eft que les hommes
qu'ils feront leur foient payés fur l'ordre du Commandant
du Corps, des fonds deftinés aux recrues, & qu'il foit payé
le 1.er janvier de chaque année à chaque Capitaine, une
gratification de vingt livres pour chaque ancien Soldat
qu'il aura rengagé par lui-même, & de dix livres pour
chaque homme de recrue qu'il aura fait auffi lui-même;
laquelle gratification lui fera payée par le Tréforier, fur
le certificat du Commandant du Corps, vifé par l'Infpecteur, qui en fera la vérification lors de fa revûe.

A l'égard des Capitaines de Grenadiers, quoiqu'ils
tirent leurs remplacemens des compagnies de Fufiliers,
Sa Majefté leur fera payer le 1.er janvier de chaque
année une gratification de trois cents livres.

Au moyen du traitement ci-deffus réglé, il ne fera
payé aux régimens Allemands, ni argent d'étape aux
recrues, ni payes de gratification, ni les gratifications dont
les Officiers fupérieurs jouiffoient en vertu de leur charge;
à la réferve des Majors des régimens confervés, qui

continueront de jouir de la gratification annuelle attachée à leurs charges.

RÉGIMENS de BOUILLON, VIERZET & HORION.

CEUX des régimens de Bouillon, créé fur le pied étranger, & d'Infanterie Liégeoife de Vierzet & d'Horion, qui ont été ou feront mis à la folde de guerre, en vertu des ordonnances particulières que Sa Majefté en a fait ou fera expédier, recevront cette folde, jufqu'à ce qu'Elle en ordonne autrement, fur le pied de quatorze livres dix fols par mois, par homme, & pour chacune des treize payes de gratification que Sa Majefté accorde à chaque Capitaine, fa compagnie étant complète au nombre de quatre-vingt-cinq hommes, neuf payes à quatre-vingt-trois, fept à quatre-vingt-un, cinq à quatre-vingt, & rien au deffous dudit nombre de quatre-vingts hommes.

Solde de guerre.

Payes de gratification.

Chaque Capitaine doit entretenir & payer dans fa compagnie, un premier Sergent à treize fols par jour, deux autres Sergens à douze fols chacun, un Fourrier & un Capitaine d'armes à neuf fols chacun, un Fourrier-fchutz à huit fols, trois Caporaux, un Charpentier de profeffion, & deux Tambours à fept fols chacun, fix Anfpeffades & fix Grenadiers à fix fols chacun, & foixante-un Fufiliers à cinq fols fix deniers chacun; fur laquelle folde il fera retenu à chaque compagnie, deux fols par ration de pain de munition qui leur fera fourni pendant la campagne feulement, les Officiers n'en devant point avoir.

Retenue pour le pain.

État-major des régimens Allemands.

Les Officiers des compagnies & de l'État-major de chacun defdits régimens de Bouillon, Vierzet & d'Horion, continueront d'être payés de leurs appointemens, en campagne, fur le pied réglé par l'ordonnance du 25 février 1760.

Appointemens confervés aux anciens Commandans des bataillons réformés.

Les Commandans des bataillons des régimens d'Infanterie allemande, qui ont été réformés en 1748 & 1749, & qui ont paffé avec leur compagnie dans les bataillons reftés fur pied, continueront de jouir, indépendamment de leur traitement de Capitaine, des mêmes appointemens de foixante livres par mois, qu'ils avoient en ladite

43

qualité de Commandant de bataillon, & ce, jufqu'à ce qu'ils foient remplacés.

Les Colonels & Lieutenans-colonels réformés à la fuite defdits régimens d'Infanterie allemande, feront payés, en fervant en campagne & en paffant préfens aux revûes des Commiffaires des guerres, fur le pied par mois, de cent livres à chaque Colonel, de quatre-vingt-trois livres fix fols huit deniers à chaque Lieutenant-colonel; à l'excep-tion de ceux defdits Colonels & Lieutenans - colonels auxquels il a été expédié des ordres par lefquels il leur eft réglé un traitement particulier, dont ils continueront de jouir en campagne comme pendant l'hiver.

Colonels & Lieutenans-colonels réformés à la fuite des régimens Alle-mands.

A l'égard des Capitaines réformés qui ferviront en campagne à la fuite defdits régimens, ils feront payés, à raifon de cinquante livres par mois.

Capitaines ré-formés à la fuite defdits régimens Allemands.

Les régimens Royal-Italien & Royal-Corfe, compofés chacun de fix cents quatre-vingt-cinq hommes, en neuf compagnies, dont une de Grenadiers de quarante-cinq hommes, & huit de Fufiliers de quatre-vingts hommes, feront payés en fervant en campagne, favoir;

ROYAL-ITALIEN & ROYAL-CORSE.

La compagnie de Grenadiers, fur le pied par jour, de cinq livres feize fols huit deniers au Capitaine, y compris deux livres feize fols huit deniers de fupplément; deux livres feize fols huit deniers au Lieutenant, y compris vingt-quatre fols huit deniers de fupplément; trente-trois fols quatre deniers au Lieutenant en fecond, y compris treize fols quatre deniers de fupplément; quinze fols au premier Sergent, dont deux fols fix deniers de fupplé-ment; onze fols à chacun des deux autres, dont deux fols fix deniers de fupplément; huit fols dix deniers à chacun des trois Caporaux, dont deux fols dix deniers de fupplé-ment; fept fols cinq deniers à chacun des cinq Anfpef-fades, dont deux fols cinq deniers de fupplément; fix fols à chacun des trente-trois Grenadiers, dont deux fols de fupplément; & fept fols cinq deniers au Tambour, dont deux fols cinq deniers de fupplément. Le Capitaine recevra de plus huit payes de gratification de huit fols chacune,

Compagnie de Grenadiers.

Payes de gratification.

dont deux de supplément, sa compagnie étant complète de quarante - cinq hommes, & rien au deffous dudit nombre.

Compagnies de Fusiliers. Les huit compagnies de Fusiliers de chacun de ces deux régimens, feront payées en campagne sur le pied, savoir;

Chacun des deux Capitaines des deux premières compagnies, sur le pied par jour, de cinq livres, dont cinquante sols de supplément.

Chacun des Capitaines des deux compagnies qui suivent par leur rang, sur le pied par jour, de quatre livres dix sols, dont quarante sols de supplément.

Et chacun des Capitaines des quatre dernières compagnies, sur le pied de quatre livres trois sols quatre deniers, dont trente-trois sols quatre deniers de supplément.

Quant aux autres Officiers desdites compagnies de Fusiliers, ils feront payés sur le pied par jour, de cinquante sols au Capitaine en second, dont vingt sols de supplément; trente-six sols huit deniers au Lieutenant en premier, dont seize sols huit deniers de supplément; vingt-six sols huit deniers au Lieutenant en second, dont onze sols huit deniers de supplément; quatorze sols au premier Sergent, dont deux sols de supplément; dix sols à chacun des quatre autres, dont deux sols de supplément; sept sols dix deniers à chacun des cinq Caporaux, dont deux sols de supplément; six sols cinq deniers à chacun des sept Anspessades, dont un sol onze deniers de supplément; cinq sols six deniers à chacun des quinze Appointés, dont un sol neuf deniers de supplément; cinq sols à chacun des quarante - six Fusiliers, dont un sol six deniers de supplément; & six sols cinq deniers à chacun des deux Tambours, dont un sol onze deniers de supplément.

Le Capitaine en pied recevra en outre douze payes de gratification de sept sols chacune, dont deux de supplément, sa compagnie étant complète de quatre - vingts hommes, huit à soixante-dix-huit, six à soixante-dix-sept, quatre à soixante-seize, deux à soixante-quinze, & rien au deffous dudit nombre de soixante-quinze hommes.

L'État-major

45

L'État-major de chacun des régimens Royal-Italien & Royal-Corse, sera payé sur le pied par jour, de vingt-neuf livres trois sols quatre deniers au Colonel, dont quatorze livres trois sols quatre deniers de supplément; quinze livres seize sols huit deniers au Colonel-commandant du régiment Royal-Italien, établi par ordonnance du 29 juin 1759, lequel ne doit point avoir de compagnie; dix livres à celui du régiment Royal-Corse, établi par ordonnance du 9 février 1760, indépendamment de ses appointemens de Capitaine, qu'il ne doit toucher que sur le pied de quatre livres trois sols quatre deniers par jour, quoique sa compagnie soit la première du régiment; onze livres trois sols quatre deniers au Lieutenant-colonel, dont cinq livres trois sols quatre deniers de supplément, tant pour leurs appointemens en leurdite qualité qu'en celle de Capitaine, ne devant point avoir de compagnie; neuf livres trois sols quatre deniers au Major, dont quatre livres trois sols quatre deniers de supplément; cinq livres à l'Interprète, trois livres dix sols à l'Aide-major, dont trente sols de supplément; trente sols au Maréchal-des-logis, dont quinze sols de supplément; quarante sols à l'Aumônier, dont vingt sols de supplément; quinze sols au Chirurgien, dont sept sols six deniers de supplément; huit sols au Tambour-major, dont trois sols de supplément; trente-deux sols au Prevôt, dont douze sols de supplément; quatorze sols à son Lieutenant, dont quatre sols de supplément; huit sols six deniers au Greffier, dont deux sols trois deniers de supplément; & six sols quatre deniers à chacun des cinq Archers & à l'Exécuteur de justice, dont deux sols deux deniers de supplément.

États-majors de Royal-Italien & Royal-Corse.

Les deux derniers Capitaines du régiment Royal-Italien, qui, par sa nouvelle composition, se sont trouvés sans compagnie, & sont attachés aux premières compagnies de Fusiliers, où ils tiennent lieu de Capitaine en second, recevront, en servant en campagne, chacun quatre livres trois sols quatre deniers, dont trente-trois sols quatre deniers de supplément.

Capitaines réformés du régiment Royal-Italien, qui ont eu Troupe.

M

<table>
<tr><td>Capitaines en
second ou réfor-
més du régiment
Royal-Italien.</td><td>Les Capitaines en second ou réformés, actuellement attachés audit régiment Royal-Italien, qui se trouveront d'excédant au nombre de huit Capitaines en second, ci-dessus employés aux compagnies de Fusiliers, y rempliront la troisième place d'Officier, sous le titre de second Capitaine en second, pour y tenir lieu de Lieutenant & en faire les fonctions, aux mêmes appointemens de cinquante sols par jour, ci-dessus réglés aux Capitaines en second; lesquelles places de seconds Capitaines en second, ne seront remplies, à mesure qu'elles deviendront vacantes, que par des Lieutenans, aux appointemens de trente-six sols huit deniers chacun par jour, pendant qu'ils serviront en campagne.</td></tr>
<tr><td>Commandans
des second &
troisième batail-
lons réformés de
Royal-Italien.</td><td>Les Commandans des second & troisième bataillons réformés dudit régiment Royal-Italien, qui ont passé avec leur compagnie dans le bataillon resté sur pied, continueront de jouir, indépendamment de leurs appointemens ci-dessus de Capitaine, des quarante sols qu'ils avoient chacun par jour en ladite qualité de Commandant de bataillon, & ce, jusqu'à ce qu'ils soient nommés à un grade dont le traitement ne sera point inférieur.</td></tr>
<tr><td>Officiers réformés
de Royal-Italien
& Royal-Corse.</td><td>Les Officiers réformés qui auront ordre de servir à la suite des régimens Royal-Italien & Royal-Corse, seront payés en campagne sur le pied par jour, de trois livres à chaque Colonel, cinquante sols à chaque Lieutenant-colonel, trente sols à chaque Capitaine, & quinze sols à chaque Lieutenant.</td></tr>
<tr><td>Retenue pour
l'habillement des
Soldats de
Royal-Italien
& Royal-Corse.</td><td>Entend Sa Majesté que la retenue qui doit être faite de l'excédant de solde pour tenir lieu de Masse, & servir à l'habillement des Soldats des régimens Royal-Italien & Royal-Corse, reste entre les mains du Major de chaque régiment, pour être délivrée aux Capitaines, ainsi qu'il est réglé par l'ordonnance du 25 février 1760.</td></tr>
<tr><td>RÉGIMENS
IRLANDOIS
&
ÉCOSSOIS.</td><td>LES régimens d'Infanterie irlandoise de Bulkeley, Clare, Dillon, Rothe & Berwick, & ceux d'Infanterie écossoise de Royal-Écossois & d'Ogilvy, composés chacun</td></tr>
</table>

47

d'un bataillon de sept cents cinq hommes en treize compagnies, dont une de Grenadiers de quarante-cinq
hommes, & douze de Fusiliers de cinquante-cinq hommes
chacune, seront payés de leurs appointemens & solde,
en servant en campagne, savoir;

La compagnie de Grenadiers, sur le pied par jour, de *Compagnie*
cinq livres seize sols huit deniers au Capitaine, y compris *de Grenadiers.*
deux livres seize sols huit deniers de supplément; trois
livres trois sols quatre deniers au Capitaine en second,
dont treize sols quatre deniers de supplément; trois livres
au Lieutenant, dont vingt-cinq sols de supplément; trente
sols au Lieutenant en second, dont douze sols de supplément; seize sols au premier Sergent; douze sols au second,
dont deux sols de supplément; neuf sols six deniers à chacun
des trois Caporaux, dont deux sols six deniers de supplément; huit sols six deniers à chacun des trois Anspessades, dont deux sols de supplément; & sept sols six
deniers à chacun des trente-six Grenadiers & au Tambour, dont un sol six deniers de supplément. Le Capitaine
recevra de plus cinq payes de gratification de neuf sols
six deniers chacune, dont deux de supplément, sa compagnie étant complète de quarante-cinq hommes, & rien
au dessous dudit nombre.

Les douze compagnies de Fusiliers de chacun desdits *Compagnies*
régimens, seront payées, savoir; *de Fusiliers.*

Aux trois Capitaines des trois premières compagnies,
sur le pied par jour, de cinq livres, dont cinquante sols
de supplément.

Chacun des Capitaines des trois compagnies qui suivent
par leur rang, sur le pied par jour, de quatre livres dix
sols, dont quarante sols de supplément.

Et chacun des Capitaines des six dernières compagnies,
sur le pied par jour, de quatre livres trois sols quatre deniers, dont trente-trois sols quatre deniers de supplément.

Quant aux autres Officiers desdites compagnies, ils
seront payés sur le pied par jour, de cinquante sols au

Capitaine en fecond, trente-fix fols huit deniers au Lieutenant, dont quatorze fols deux deniers de fupplément; vingt-fix fols huit deniers au Lieutenant en fecond, dont huit fols huit deniers de fupplément; quinze fols au premier Sergent, onze fols à chacun des deux autres, dont deux fols de fupplément; huit fols fix deniers à chacun des quatre Caporaux, dont deux fols de fupplément; fept fols fix deniers à chacun des quatre Anfpeffades, dont un fol fix deniers de fupplément; & fix fols fix deniers à chacun des quarante-trois Fufiliers & au Tambour, dont un fol de fupplément. Le Capitaine recevra de plus fept payes de gratification de huit fols fix deniers chacune, dont deux de fupplément, fa compagnie étant complète de cinquante-cinq hommes; quatre à cinquante-quatre, trois à cinquante-trois, une à cinquante-deux, & rien au deffous dudit nombre de cinquante-deux hommes.

Enfeignes.   Chacun des deux Enfeignes, pour porter les drapeaux qu'il y a dans chaque régiment d'Infanterie irlandoife & écoffoife, recevra vingt-neuf fols quatre deniers par jour, dont onze fols quatre deniers de fupplément.

États-majors des régimens de Bulkeley, Clare, Dillon, Rothe, Berwick, Royal-Écoffois & Ogilvy.   L'État-major de chacun defdits régimens de Bulkeley, Clare, Dillon, Rothe, Berwick, Royal-Écoffois & Ogilvy, fera payé fur le pied par jour, de dix-fept livres dix fols au Colonel, tant pour fes appointemens en ladite qualité, que pour lui tenir lieu de ceux de Capitaine, ne devant point avoir de compagnie, dans lefquels appointemens eft compris un fupplément de huit livres fix fols huit deniers pour ceux des régimens de Bulkeley, Clare, Dillon, Royal-Écoffois & Ogilvy, & de onze livres cinq fols pour ceux des régimens de Rothe & Berwick; onze livres un fol un denier un tiers au Lieutenant-colonel de chacun defdits régimens, auffi fans compagnie, dont cinq livres deux fols deux deniers deux tiers de fupplément; fept livres dix fols au Major, dont quatre livres trois fols quatre deniers de fupplément; cinquante-fix fols huit deniers à l'Aide-major, y compris vingt-fix fols huit deniers de fupplément; quarante fols à l'Aumônier, dont vingt fols de fupplément;

trente

1. Mai 1761.

49

trente fols au Chirurgien, dont quinze fols de fupplément ; pareils trente fols au Maréchal-des-logis, dont quinze fols de fupplément pour ceux des régimens de Bulkeley, Clare, Dillon, Royal-Écoffois & Ogilvy; & dix-fept fols fix deniers pour ceux de Rothe & de Berwick; cinq livres à l'Interprète de chacun defdits régimens, & pareilles cinq livres au fecond Interprète attaché au régiment Royal-Écoffois par l'article III de l'ordonnance du 20 décembre 1748, concernant l'incorporation du régiment d'Albanie.

La Prevôté qui eft en chacun defdits régimens de Rothe & de Berwick, fera payée fur le pied par jour, de dix-huit fols huit deniers au Prevôt, dont cinq fols quatre deniers de fupplément ; fept fols quatre deniers à fon Lieutenant, dont huit deniers de fupplément; quatre fols quatre deniers au Greffier, dont deux deniers de fupplément ; & trois fols à chacun des cinq Archers & à l'Exécuteur de Juftice, dont fix deniers de fupplément.

Prevôté des régimens de Rothe & de Berwick.

Les Colonels & Lieutenans-colonels defdits fept régimens Irlandois & Écoffois, continueront de jouir chacun de la penfion attachée à leur charge; au moyen de quoi, le Colonel de chaque régiment ne pourra rien retenir fur la folde & maffe des Sergens, Caporaux, Anfpeffades, Grenadiers, Soldats & Tambours qui doivent recevoir leur paye entière, à la déduction feulement de ce qui fera mis à la Maffe pour leur habillement.

Sa Majefté ayant jugé à propos de nommer le fieur de Sheldon Colonel en fecond du régiment de Dillon, fon intention eft qu'il foit payé de fes appointemens en campagne, en ladite qualité, fur le pied de cinq livres feize fols huit deniers par jour.

Sa Majefté ayant bien voulu permettre qu'il foit entretenu douze Cadets dans chacun defdits régimens Irlandois & Écoffois, qui tiendront lieu de pareil nombre de Soldats, fon intention eft que lefdits Cadets continuent de recevoir pendant la campagne, le fupplément de paye de quatre

Cadets.

N

ſols ſix deniers par jour, qui leur eſt réglé par l'ordonnance du 25 février 1760, en paſſant préſens aux revûes des Commiſſaires des guerres.

Les Officiers réformés qui auront ordre de ſervir en campagne à la ſuite deſdits régimens Irlandois & Écoſſois, y ſeront payés de leurs appointemens, en paſſant préſens aux revûes des Commiſſaires des guerres, ſur le pied par jour, de trois livres à chaque Colonel, cinquante ſols à chaque Lieutenant-colonel, quarante ſols à chaque Capitaine, & dix-huit ſols à chaque Lieutenant, indépendamment de ceux deſdits Officiers réformés, qui ſe trouveront encore employés à la ſuite des régimens Royal-Écoſſois & d'Ogilvy, provenant de l'incorporation qui y a été faite de celui d'Albanie, leſquels ſeront payés en campagne, en paſſant préſens aux revûes des Commiſſaires des guerres, ſur le pied de cent vingt-cinq livres par mois au Lieutenant-colonel, cent vingt livres au Capitaine de Grenadiers, quatre-vingt-dix livres à chaque Capitaine & au Major, ſoixante-ſept livres dix ſols à chaque Capitaine en ſecond, quatre-vingt-cinq livres au Lieutenant de Grenadiers, quarante-ſept livres dix ſols à chaque Lieutenant, y compris l'Aide-major, & de quarante livres à chaque Lieutenant en ſecond réformé. A l'égard des Colonels & Lieutenans-colonels auxquels il auroit été réglé des appointemens différens de ceux ci-deſſus fixés, ils continueront d'en jouir en conſéquence des ordres particuliers qui leur ont été expédiés, à la déduction ſeulement de vingt-cinq livres par mois, lorſqu'ils ſerviront en campagne.

Sa Majeſté voulant s'expliquer ſur la façon dont il en doit être uſé pour les régimens d'Infanterie françoiſe, étrangère & Troupes légères, qui ſont revenus des armées en France, ou en reviendront par la ſuite, & auxquels Elle avoit fait délivrer des pièces de canons à la Suédoiſe, & permis d'avoir des chevaux de pelotons pour porter les tentes des Soldats, ſon intention eſt que les chevaux de canons des régimens rentrés en France, & qui auront encore leſdits chevaux de canons & de

1. Mai 1761.

pelotons, soient vendus inceffamment, ainfi que les harnois & bâts, par un Commiffaire des guerres, en préfence du Major & du Commandant du régiment, & que le prix de la vente foit remis aux Tréforiers des Troupes, qui en fera recette dans fon compte au profit de Sa Majefté.

Les chevaux de pelotons feront pareillement vendus, mais au profit des régimens, Sa Majefté n'ayant entendu faire le fonds de l'achat de ces chevaux, qu'une première fois feulement, & ce fera enfuite aux régimens à s'en pourvoir, lorfqu'il fera queftion de rentrer en campagne.

Le fourrage fera fourni auxdits chevaux tant de canons que de pelotons, jufqu'au jour de la vente.

Veut bien Sa Majefté conferver à ces régimens, la haute-paye qu'Elle a accordée aux Sergens & Soldats Canonniers, laquelle continuera à leur être payée comme par le paffé, jufqu'à nouvel ordre, afin de leur donner de l'émulation, & qu'ils continuent à s'appliquer à la manœuvre du canon.

Quant aux régimens qui par la fuite rentreront en France, il en fera ufé à leur égard ainfi qu'il eft ci-deffus expliqué, à l'exception qu'il leur fera accordé quinze jours, à compter de celui de leur arrivée à leur deftination, pour leur donner le temps de fe défaire avantageufement de ces chevaux, auxquels on continuera de fournir le fourrage, jufqu'au jour de la vente, qui ne pourra excéder le terme de quinze jours.

A l'égard de la folde du Charretier, elle ceffera d'avoir lieu le lendemain de la vente des chevaux.

Il fera dreffé un procès-verbal de la vente, dont il fera adreffé un double au Secrétaire d'État ayant le département de la guerre, par les Intendans des départemens où fe trouveront lefdits régimens.

V I I.

GENDARMERIE.

LES quatre compagnies des Gardes-du-corps de Sa *GARDES-DU-CORPS du Roi.*

Majesté (à l'exception des détachemens qui restent de service sur le guet) outre le pain de munition & le fourrage qui leur seront fournis, seront payées, pendant qu'elles serviront en campagne, sur le pied par jour, de six livres à chaque Lieutenant, dont trente sols de supplément; cent sols à chaque Enseigne, dont quarante sols de supplément; cent dix sols à chaque Exempt, dont quatre livres de supplément; six livres cinq sols à chaque Aide-major, dont quatre livres quinze sols de supplément; cent dix sols à chaque Sous-aide-major, dont quatre livres de supplément; quarante-sept sols à chaque Brigadier, dont vingt-sept sols de supplément; quarante-deux sols à chaque Sous-brigadier, dont vingt-quatre sols six deniers de supplément; quarante-un sols à chaque Garde, dont vingt-six sols de supplément; trente-quatre sols à chaque Trompette & Timbalier, dont dix-neuf sols de supplément; quarante sols à chaque Aumônier, & vingt sols à chaque Chirurgien.

Grenadiers à Cheval. — LA compagnie de Grenadiers à cheval de Sa Majesté, portée par ordonnance du 15 juillet 1759, de cent trente Grenadiers & quatre Tambours, à cent cinquante, y compris les quatre Tambours, outre le pain & le fourrage qui lui seront fournis en servant en campagne, sera payée sur le pied par jour, de dix livres au Capitaine-lieutenant, dont huit livres treize sols de supplément; sept livres cinq sols à chacun des trois Lieutenans, dont six livres sept sols de supplément; cinq livres à chacun des quatre Sous-lieutenans, y compris l'Aide-major, dont quatre livres six sols six deniers de supplément; trois livres quinze sols à chacun des trois Maréchaux-des-logis, dont trois livres six sols de supplément; trente-trois sols à chacun des six Sergens, dont vingt-six sols de supplément; vingt-quatre sols à chacun des trois Brigadiers, dont dix-sept sols de supplément; dix-neuf sols à chacun des six Sous-brigadiers, dont douze sols de supplément; dix-sept sols à chacun des six Appointés & au Porte-étendard, dont onze sols de supplément;

quatorze

1. Mai 1761.

53

quatorze fols à chacun des cent vingt-quatre Grenadiers & quatre Tambours, dont huit fols fix deniers de fup-plément, & quarante fols à l'Aumônier établi en ladite compagnie par ordonnance particulière du 9 février 1734.

La Cornette de chacune des compagnies de Gendarmes & de Chevaux-légers de la garde de Sa Majefté, outre le pain & le fourrage qui lui feront fournis, en fervant en campagne, fera payée fur le pied par jour, de quinze fols à chaque Brigadier, Sous-brigadier, Gendarme, Chevau-léger, Trompette & Timbalier, vingt fols à l'Aumônier, & dix fols à chacun des Petits-officiers de chaque compagnie, fervant à ladite Cornette. Les Officiers defdites compagnies continueront à être payés avec le Guet, de leurs appointemens ordinaires. *GENDARMES & CHEVAUX-LÉGERS de la GARDE du ROI.*

Les détachemens des deux compagnies de Moufquetaires de la garde de Sa Majefté, outre le pain & le fourrage qui leur feront fournis en fervant en campagne, feront payés fur le pied par jour, de vingt-trois fols à chaque Brigadier, dix-neuf fols à chaque Sous-brigadier, quinze fols à chaque Moufquetaire, vingt fols à l'Aumônier, douze fols à chaque Tambour, Chirurgien, Apothicaire, Fourrier, Sellier & Maréchal-ferrant, & cinquante fols à chaque Joueur de hautbois, Sa Majefté faifant payer d'ailleurs les Officiers de ces compagnies qui commandent lefdits dé-tachemens. *MOUSQUETAIRES de la GARDE DU ROI.*

Les Grands-officiers des dix compagnies de Gendarmes de la Gendarmerie, continueront à être payés fuivant les états que Sa Majefté fera expédier; & les Maréchaux-des-logis, Brigadiers, Sous-brigadiers, Porte-étendards, Gen-darmes & Trompettes, feront payés, en fervant en cam-pagne, fur le même pied de ceux des compagnies de Chevaux-légers, ainfi qu'il eft ci-après expliqué. *GENDARMERIE. Grands Officiers des compagnies de Gendarmes. Compagnies de Gendarmes.*

Chacune des fix compagnies de Chevaux-légers de ladite Gendarmerie, compofée d'un Capitaine-lieutenant, un Sous-lieutenant, deux Cornettes, quatre Maréchaux-des-logis, deux Brigadiers, deux Sous-brigadiers, un Porte- *Compagnies de Chevaux-légers.*

étendard, soixante-dix Chevaux-légers & deux Trompettes; outre le pain & le fourrage qui leur seront fournis en servant en campagne, sera payée sur le pied par jour, de huit livres au Capitaine-lieutenant, dont cinq livres quinze sols de supplément; cinquante sols au Sous-lieutenant, dont trente-deux sols de supplément; trente-cinq sols à chaque Cornette, dont vingt-un sols six deniers de supplément; quarante-cinq sols à chaque Maréchal-des-logis, dont trente-six sols de supplément; vingt-quatre sols six deniers à chaque Brigadier & Sous-brigadier, dont dix-huit sols six deniers de supplément; seize sols quatre deniers au Porte-étendard, dont onze sols quatre deniers de supplément; treize sols à chaque Chevau-léger, dont neuf sols de supplément; & vingt sols à chaque Trompette, dont quatorze sols six deniers de supplément.

Timbaliers & Aumôniers. Il sera aussi payé par jour, vingt sols à chacun des huit Timbaliers entretenus dans les huit premières compagnies, dont quatorze sols six deniers de supplément, & trente sols à chacun des deux Aumôniers qui sont avec lesdites compagnies de Gendarmes & de Chevaux-légers.

État-major de la Gendarmerie. Les Officiers de l'État-major de ladite Gendarmerie, étant payés de leurs appointemens à l'ordinaire des guerres, il n'en sera point fait ici mention.

Supplément de paye aux Gendarmes & Chevaux-légers, pour tenir lieu de Masse. Le supplément de paye que Sa Majesté a accordé sur le pied par jour, de deux sols deux deniers, pour tenir lieu de Masse à chaque Gendarme & Chevau-léger seulement, des seize compagnies de la Gendarmerie, continuera de leur être payé pendant la campagne, indépendamment de la solde qui leur est ci-dessus réglée.

FOURRAGES aux Troupes de la Maison du Roi.

GARDES-DU-CORPS DU ROI.

En rations de Cavalerie composées de dix-huit livres de foin & des deux tiers du boisseau d'Avoine.

par jour.
rations.

A chaque Lieutenant . . . . 12.
A chaque Enseigne . . . . 12.

1. Mai 1761.

55

rations.

A chaque Exempt . . . . 6.

A chaque Aide-major . . . . 7.

A chaque Sous-aide-major . . . . 6.

A chaque Brigadier & Sous-brigadier . . . . 3.

A chaque Garde, Timbalier ou Trompette . . . . . . $1\frac{1}{2}$.

A chaque Aumônier . . . . 2.

A chaque Chirurgien . . . . 2.

Et pour les garçons Chirurgiens, Maréchaux, Armuriers
   & Selliers qui suivent ce corps en campagne. . . . . 56.

COMPAGNIE DE GRENADIERS À CHEVAL,

Aussi en rations de Cavalerie.

Au Capitaine-lieutenant. . . . . 12.

A chaque Lieutenant. . . . . 8.

A chaque Sous-lieutenant & à l'Aide-major . . . . . . 6.

A chaque Maréchal-des-logis . . . . 4.

A chaque Sergent, Brigadier, Appointé, Porte-étendard,
   Grenadier & Tambour . . . . 1.

A l'Aumônier. . . . . 2.

Au Chirurgien . . . . 2.

Pour les chevaux destinés à porter les bagages & les tentes . 12.

L'intention de Sa Majesté est, que lorsqu'il se trouvera des Officiers de ses Gardes-du-corps & Grenadiers à cheval employés à l'armée en qualité d'Officiers-généraux, ils ne reçoivent aucune des rations de fourrages qui leur sont ci-dessus réglées, ne devant recevoir que celles qui leur sont attribuées comme Officiers-généraux, à l'exception cependant des Officiers qui composent l'État-major de la Maison du Roi.

AUTRES TROUPES DE LA MAISON DU ROI,
auxquelles la fourniture de fourrages doit être faite en ration composée de dix livres de foin & du demi-boisseau d'avoine, sur le pied des quantités ci-après, dont la répartition se fait par les corps.

Aux quatre bataillons du régiment des Gardes-françoises,
   sur le pied de trois cents rations par jour pour chaque   rations.
   bataillon colonel ou non colonel. . . . . 1200.

Aux deux bataillons du régiment des Gardes-suisses, sur le pied de cent cinquante rations par bataillon . . . . **300.** *rations.*

Au détachement de la compagnie des Gendarmes de la garde . . . . **600.**

Au détachement de la compagnie des Chevaux-légers. **600.**

Aux deux détachemens des deux compagnies de Mousquetaires, à raison de six cents rations, à chacun . . **1200.**

Plus, en rations de Cavalerie.

Pour les chevaux de canons & de pelotons du régiment des Gardes-françoises. . . . . **70.**

Pour les chevaux de canons & de pelotons du régiment des Gardes - suisses. . . . . **30.**

A LA GENDARMERIE,

En rations de Cavalerie.

Lorsque la Gendarmerie servira en campagne, le fourrage lui sera délivré sur le pied de deux cents soixante-onze rations de Cavalerie, par chacun des huit escadrons, y compris l'État - major, ce qui fait pour les huit escadrons, par jour, la quantité de . . . . **2168.**

AUX OFFICIERS DE L'ÉTAT - MAJOR
DE LA MAISON DU ROI.

En rations de Cavalerie.

Au Commandant de la Maison . . . . **30.**

Au Maréchal - des - logis. . . . . **20.**

Au Brigadier. . . . . **16.**

Aux quatre Majors de brigade, à raison de cinq rations à chacun. . . . . **20.**

VIII.

CAVALERIE, CARABINIERS, HUSSARDS
& DRAGONS.

CAVALERIE FRANÇOISE. Compagnies.   CHAQUE compagnie des régimens de Cavalerie françoise, servant en campagne, composée de quarante Maîtres, sera payée sur le pied par jour, de quatre livres au Capitaine, dont trois livres deux sols de supplément;

quarante

quarante fols au Lieutenant, dont vingt-huit fols de fupplément; vingt-fept fols fix deniers au Cornette, dont
dix-huit fols fix deniers de fupplément; vingt-un fols huit
deniers au Maréchal-des-logis, dont quinze fols huit deniers de fupplément; dix fols au Fourrier, fix fols à chacun
des deux Brigadiers, dont deux fols fix deniers de fupplément; & cinq fols à chacun des trente-fept Cavaliers, y
compris le Trompette & le Timbalier où il doit y en
avoir, dont deux fols de fupplément.

Le Sous-lieutenant qui eft dans la compagnie colonelle
du Colonel général de la Cavalerie, le Cornette blanc
qui eft dans ladite compagnie, & le Cornette qui eft en
chacune des compagnies Meftre-de-camp des régimens
du Meftre-de-camp général & du Commiffaire général de
la Cavalerie, recevront leurs appointemens fur le pied
par jour, de quarante fols au Sous-lieutenant, dont vingt-
huit fols de fupplément; & de vingt-fept fols fix deniers
au Cornette blanc & à chacun des deux autres, dont
dix-huit fols fix deniers de fupplément.

Sous-lieutenant
& Cornettes en
charge dans les
régimens Colonel
général, Meftre-
de-camp général
& Commiffaire
général de la
Cavalerie.

Sa Majefté ayant confervé, par fes ordonnances des
1.er feptembre & 30 octobre 1748, les compagnies aux
Meftres-de-camp des régimens du Colonel général, du
Meftre-de-camp général & du Commiffaire général de la
Cavalerie, l'État-major de chacun defdits trois régimens,
fera payé fur le pied par jour, favoir; de quarante-
quatre fols cinq deniers au Meftre-de-camp, outre fes
appointemens de Capitaine, dont vingt-fix fols cinq deniers de fupplément; dix livres fix fols huit deniers au
Lieutenant-colonel, tant pour fes appointemens en ladite
qualité, que pour lui tenir lieu de ceux de Capitaine,
ne devant point avoir de compagnie, dont fept livres
dix fols de fupplément; cinq livres au Major, dont quatre
livres deux fols de fupplément; cinquante fols à l'Aide-
major, dont trente-huit fols de fupplément; trente fols à
l'Aumônier, dont vingt-un fols de fupplément; & treize
fols fix deniers au Chirurgien, dont quatre fols fix deniers
de fupplément.

État-major
des trois premiers
régimens de la
Cavalerie.

P

<table>
<tr><td>Mestres-de-camp commandans des régimens Mestre-de-camp général & Commissaire général de la Cavalerie.</td><td>

Le Mestre-de-camp-commandant du régiment du Mestre-de-camp général, établi par ordonnance du 3 mai 1760; & celui du régiment du Commissaire général, aussi établi par ordonnance dudit jour, seront payés de leurs appointemens en campagne, sur le pied de quatre livres par jour.

</td></tr>
<tr><td>État-major des cinquante-deux autres régimens de Cavalerie françoise.</td><td>

L'État-major de chacun des cinquante-deux autres régimens de Cavalerie françoise, sera payé à raison par jour, de cinq livres treize sols quatre deniers au Mestre-de-camp, dont trente-trois sols quatre deniers de supplément; & dix livres six sols huit deniers au Lieutenant-colonel, dont sept livres dix sols de supplément, tant pour leurs appointemens en leurdite qualité, que pour leur tenir lieu de ceux de Capitaine, ne devant point avoir de compagnie; cinq livres au Major, dont quatre livres deux sols de supplément; cinquante sols à l'Aide-major, dont trente-huit sols de supplément; trente sols à l'Aumônier, dont vingt-un sols de supplément; & treize sols six deniers au Chirurgien, dont quatre sols six deniers de supplément.

</td></tr>
<tr><td>Capitaines réformés de Cavalerie françoise, dernière réforme.</td><td>

Les Capitaines réformés de Cavalerie françoise, qui ont été entretenus à la suite des régimens, en conséquence des ordonnances des 1.er septembre, 30 octobre 1748 & 15 mars 1749, lesquels sont obligés de servir à leur corps toute l'année, au lieu de quatre mois auxquels ils étoient ci-devant assujétis, seront payés de leurs appointemens en campagne, sur le pied de cinquante sols par jour, dont vingt sols de supplément, en passant présens aux revûes des Commissaires des guerres.

</td></tr>
<tr><td>Capitaines réformés de Cavalerie françoise, ancienne réforme.</td><td>

Les Capitaines réformés qui étoient entretenus à la suite des régimens de Cavalerie françoise avant les ordonnances de réforme de 1748 & 1749, & qui se trouveront encore y exister, seront payés de leurs appointemens en campagne, sur le pied de cinquante sols par jour, dont trente-cinq sols de supplément, en passant présens aux revûes des Commissaires des guerres.

</td></tr>
</table>

1. Mai 1761.

59

CHACUNE des quarante compagnies qui compofent les cinq brigades du régiment des Carabiniers de M. le Comte de Provence, de trente-cinq Maîtres chacune, fera payée fur le pied par jour, de cinq livres au Capitaine, dont trois livres dix-huit fols de fupplément; cinquante fols au Lieutenant, dont trente-cinq fols de fupplément; trente-cinq fols au Cornette, dont vingt-trois fols de fupplément; vingt-cinq fols au Maréchal-des-logis, dont dix-fept fols de fupplément; onze fols fix deniers au Fourrier, fept fols à chacun des deux Brigadiers, dont deux fols fix deniers de fupplément; & fix fols à chacun des trente-deux Carabiniers, compris le Trompette & le Timbalier qui eft en chacune des cinq compagnies Meftre-de-camp, dont deux fols de fupplément.

L'État-major dudit régiment, fera payé fur le pied par mois, de feize cents foixante-fix livres treize fols quatre deniers au Meftre-de-camp-lieutenant, indépendamment de fes appointemens de Capitaine, dont mille livres en ladite qualité de Meftre-de-camp-lieutenant & fix cents foixante-fix livres treize fols quatre deniers en celle d'Infpecteur dudit Corps; quatre cents foixante-dix livres au Major, & deux cents trente-cinq livres à l'Aide-major établi par l'ordonnance du 27 avril 1759.

A l'égard de l'État-major de chacune des cinq brigades, il fera payé fur le pied par mois, de foixante-dix-fept livres quinze fols au Meftre-de-camp, cinquante-huit livres cinq fols au Lieutenant-colonel, outre leurs appointemens de Capitaine; cent trente-cinq livres à l'Aide-major, foixante-quinze livres au Sous-aide-major, quarante-cinq livres à l'Aumônier, dont trente livres de fupplément; & vingt-quatre livres cinq fols au Chirurgien, dont neuf livres cinq fols de fupplément.

Sa Majefté ayant fupprimé par fon ordonnance particulière du 13 mai 1758, la majorité particulière de chaque brigade, & ordonné que les Officiers qui en étoient pourvûs pafferoient à des compagnies; fon intention eft qu'ils jouiffent, jufqu'à leur remplacement, de fix livres d'appointemens par jour en campagne.

CHACUNE des huit compagnies du régiment de Cavalerie irlandoife de Filtzjames, compofée de quarante Maîtres, fera payée à raifon par jour, de quatre livres au Capitaine, dont trente fols de fupplément; quarante fols au Lieutenant, dont quinze fols de fupplément; vingt-fept fols fix deniers au Cornette, dont huit fols neuf deniers de fupplément; vingt-un fols huit deniers au Maréchal-des-logis, dont huit fols quatre deniers de fupplément; dix fols au Fourrier; huit fols à chacun des deux Brigadiers, dont deux fols de fupplément; & fept fols à chacun des trente-fept Cavaliers, y compris le Trompette & le Timbalier où il doit y en avoir, dont un fol fix deniers de fupplément.

L'État-major dudit régiment, fera payé fur le pied par jour, de cinq livres treize fols quatre deniers au Meftre-de-camp, dont trente-trois fols quatre deniers de fupplément; dix livres fix fols huit deniers au Lieutenant-colonel, dont fept livres dix fols de fupplément, tant pour leurs appointemens en leurdite qualité, que pour leur tenir lieu de ceux de Capitaine, ne devant point avoir de compagnie; cinq livres au Major, dont quarante fols de fupplément; cinquante fols à l'Aide-major, dont vingt fols de fupplément; trente fols à l'Aumônier, dont quinze fols de fupplément; & treize fols fix deniers au Chirurgien, dont fix fols fix deniers de fupplément.

Les Officiers réformés avec appointemens, tant des anciennes que des dernières réformes, qui font à la fuite dudit régiment, où ils doivent fervir toute l'année, feront payés en campagne fur le pied par jour, de cinq livres deux fols trois deniers à chaque Meftre-de-camp, dont quarante-un fols trois deniers de fupplément; trois livres trois fols quatre deniers à chaque Lieutenant-colonel, dont cinq fols de fupplément; & trois livres à chaque Capitaine, dont vingt fols de fupplément.

CHACUNE

1. Mai 1761·

CHACUNE des huit compagnies du régiment Royal-Allemand, compofée de quarante Maîtres, fera payée fur le pied par jour, de cinq livres au Capitaine, dont quarante fols de fupplément ; cinquante fols au Lieutenant, dont vingt fols de fupplément ; trente-cinq fols au Cornette, dont douze fols fix deniers de fupplément ; vingt-cinq fols au Maréchal-des-logis, dont dix fols de fupplément ; dix fols au Fourrier, fept fols à chacun des deux Brigadiers, dont deux fols fix deniers de fupplément ; & cinq fols à chacun des trente-fept Cavaliers, y compris les Cadets, Trompettes & Timbalier où il doit y en avoir, dont un fol fix deniers de fupplément.

ROYAL-ALLEMAND. Compagnies.

Il fera en outre payé un fol par jour à chaque Cadet qui paffera en revûe dans le nombre defdits Cavaliers, fur le certificat du Commandant du régiment.

Cadets.

L'État-major du régiment, fera payé à raifon par jour, de fix livres treize fols quatre deniers au Meftre-de-camp, dont trois livres fix fols huit deniers de fupplément ; cinq livres au Lieutenant-colonel, dont cinquante fols de fupplément, indépendamment de leurs appointemens de Capitaine ; fept livres fix fols huit deniers à chacun des deux Majors, dont trois livres trois fols quatre deniers de fupplément ; cinquante fols à chacun des deux Aides-majors, dont vingt-trois fols quatre deniers de fupplément ; feize fols huit deniers au Maréchal-des-logis, dont trois fols quatre deniers de fupplément ; vingt-trois fols quatre deniers au Prevôt, dont fix fols huit deniers de fupplément ; vingt-un fols huit deniers à fon Lieutenant, dont huit fols quatre deniers de fupplément ; quinze fols au Greffier, dont cinq fols de fupplément ; vingt-fix fols huit deniers à chacun des Aumônier & Chirurgien, dont huit fols quatre deniers de fupplément ; & dix fols à chacun des quatre Archers & à l'Exécuteur de Juftice, dont deux fols fix deniers de fupplément.

État-major.

LES huit compagnies de chacun des régimens de Cavalerie allemande de Wirtemberg & de Naffau-Saarbruck, compofées de quarante Maîtres chacune, feront payées

RÉGIMENS de WIRTEMBERG & de NASSAU-SAARBRUCK.

Q

fur le pied par jour, pour chaque compagnie, de cinq livres au Capitaine, dont quarante fols de fupplément; cinquante fols au Lieutenant, dont vingt fols de fupplément; trente-cinq fols au Cornette, dont douze fols fix deniers de fupplément; vingt-un fols huit deniers au Maréchal-des-logis, dont huit fols quatre deniers de fupplément; dix fols au Fourrier, fix fols à chacun des deux Brigadiers, dont deux fols de fupplément; & cinq fols à chacun des trente-fept Cavaliers, y compris le Trompette & le Timbalier où il doit y en avoir, dont un fol fix deniers de fupplément.

État - major du régiment de Wirtemberg. L'Etat-major du régiment de Wirtemberg, fera payé fur le pied par jour, favoir; de trois livres fix fols huit deniers au Meftre-de-camp, quarante fols au Lieutenant-colonel, indépendamment de leurs appointemens de Capitaine; fept livres dix fols au Major, dont quarante fols de fupplément; cinquante fols à l'Aide-major, treize fols quatre deniers à chacun des Aumônier, Chirurgien & Auditeur, & fept fols fix deniers à chacun des Greffier, trois Archers & un Exécuteur de Juftice.

Le Comte de Rofen, Meftre-de-camp en fecond du régiment de Wirtemberg, & qui le commande en l'abfence du Prince de Wirtemberg, fera payé de fes appointemens, en campagne, fur le pied de cinq livres treize fols quatre deniers par jour, ne devant point avoir de compagnie.

État-major du régiment de Naf-fau-Saarbruck. L'État-major du régiment de Naffau-Saarbruck, fera payé à raifon par jour, de trois livres fix fols huit deniers au Meftre-de-camp, dont trente-trois fols quatre deniers de fupplément; quarante fols au Lieutenant-colonel, dont vingt fols de fupplément, indépendamment de leurs appointemens de Capitaine; fept livres dix fols au Major, dont quatre livres trois fols quatre deniers de fupplément; cinquante fols à l'Aide-major, dont vingt-trois fols quatre deniers de fupplément; & treize fols quatre deniers à chacun des Aumônier & Chirurgien, dont quatre fols quatre deniers de fupplément.

Officiers réfor-més à la fuite des Les Officiers réformés avec appointemens, tant des anciennes que des dernières réformes, entretenus à la *régimens Royal-* suite defdits trois régimens de Cavalerie allemande où ils *Allemand, de* doivent fervir toute l'année, feront payés en campagne *Wirtemberg &* fur le pied par jour, de quatre livres à chaque Meftre- *de Naffau-* de-camp, dont vingt fols de fupplément; trois livres trois *Saarbruck.* fols quatre deniers à chaque Lieutenant-colonel, dont trois fols quatre deniers de fupplément; quarante-fix fols huit deniers à chacun des Capitaines qui ont eu troupe, & qui proviennent de la dernière réforme, dont feize fols huit deniers de fupplément; & quarante fols à chacun des autres, dont dix fols de fupplément.

CHACUNE des huit compagnies du régiment de Cava- *RÉGIMENT* lerie liégeoife de Raugrave, de quarante Maîtres chacune, *de* fera payée en campagne, fur le pied par jour, de cinq *CAVALERIE* livres au Capitaine, cinquante fols au Lieutenant, trente- *LIÉGEOISE* cinq fols au Cornette, vingt-un fols huit deniers au Ma- *de* réchal-des-logis, dix fols au Fourrier, fept fols à chaque *RAUGRAVE.* Brigadier, & cinq fols à chaque Cavalier & au Trom- pette ou Timbalier où il doit y en avoir.

L'État-major dudit régiment, fera payé fur le pied par *État-major.* jour, de douze livres fix fols huit deniers au Meftre-de- camp, dix livres deux fols deux deniers deux tiers au Meftre-de-camp-commandant, établi par ordonnance du 13 avril 1761; neuf livres au Lieutenant-colonel, tant pour leurs appointemens en ladite qualité, que pour leur tenir lieu de ceux de Capitaine, ne devant point avoir de compagnie; fept livres dix fols au Major, cinquante fols à l'Aide-major, trente fols à l'Aumônier, & treize fols quatre deniers au Chirurgien.

Les Capitaines réformés, qui étoient entretenus à la *Capitaines* fuite dudit régiment avant les augmentations ordonnées *réformés à la fuite* les 20 novembre 1756 & 1.er février 1758, & qui *du régiment de* pourroient s'y trouver encore, n'ayant point été remplacés, *Raugrave.* feront payés en campagne, fur le pied de quarante fols chacun par jour.

CHACUN des deux régimens Huffards de Berchény & *HUSSARDS.* de Chamborrant, compofés de neuf cents hommes, au moyen de l'incorporation qui y a été faite de celui de Polleresky, en conséquence de l'ordonnance du 5 mai 1758, formant six escadrons en douze compagnies de soixante-quinze hommes chacune, feront payés, savoir :

Compagnies. Chacune des douze compagnies par régiment, sur le pied par jour, de cinq livres au Capitaine, dont quarante sols de supplément ; cinquante sols au premier Lieutenant, dont vingt sols de supplément ; quarante sols au second Lieutenant, dont quinze sols de supplément ; trente-cinq sols au Cornette, dont douze sols six deniers de supplément ; vingt-un sols huit deniers à chacun des deux Maréchaux-des-logis, dont huit sols quatre deniers de supplément ; dix sols au Fourrier, dont quatre sols de supplément ; sept sols à chacun des six Brigadiers, dont deux sols six deniers de supplément ; & cinq sols à chacun des soixante-huit Hussards, y compris le Trompette & le Timbalier où il doit y en avoir, dont un sol six deniers de supplément.

État-major. L'État-major de chacun desdits régimens de Berchény & de Chamborrant, sera payé sur le pied par jour, de douze livres six sols huit deniers au Mestre-de-camp, dont cinq livres treize sols quatre deniers de supplément ; neuf livres au Lieutenant-colonel, dont quatre livres de supplément, tant pour leurs appointemens en leurdite qualité, que pour leur tenir lieu de ceux de Capitaine, ne devant être attachés à aucune compagnie ; sept livres six sols huit deniers au Lieutenant-colonel en second, aussi sans compagnie, provenant de l'incorporation des régimens Hussards qui ont été supprimés, dont cinq livres treize sols quatre deniers de supplément ; sept livres dix sols au Major, dont trois livres cinq sols de supplément ; cinquante sols à chacun des deux Aides-major, dont vingt sols de supplément ; trente sols à l'Aumônier, dont vingt-un sols de supplément ; & treize sols quatre deniers au Chirurgien, dont quatre sols quatre deniers de supplément.

Le Mestre-de-camp en second du régiment de Berchény, établi par ordonnance du 20 avril dernier, sera

payé

payé de ses appointemens en campagne, sur le pied de dix livres deux sols deux deniers deux tiers par jour.

Les quatre Capitaines en pied & les trois Majors qui ont été réformés à l'incorporation des régimens de Lynden, Beausobre & Ferrary, & qui sont actuellement entretenus en qualité de Capitaines réformés à la suite des deux régimens Hussards qui sont sur pied, jusqu'à leur remplacement à des compagnies vacantes, recevront en servant en campagne, chacun quatre livres par jour, en passant présens aux revûes des Commissaires des guerres. *Capitaines en pied & Majors réformés à l'incorporation des régimens Hussards qui ont été supprimés.*

Les Capitaines réformés qui étoient à la suite des régimens d'Hussards de Lynden, Beausobre & Ferrary, avant l'incorporation, & qui ont été distribués dans Berchény & Turpin, & ceux du même grade qui se sont trouvés attachés à ces deux derniers régimens, lors de ladite incorporation, seront payés en campagne, à raison chacun de quarante sols par jour, en passant présens aux revûes. *Capitaines réformés aux régimens d'Hussards, autres que ceux ci-dessus.*

A l'égard des Officiers réformés qui étoient à la suite dudit régiment de Polleresky, & qui ont passé à la suite des régimens de Berchény & de Turpin, ils recevront le même traitement que ceux attachés à ces deux régimens. *Officiers réformés dudit régiment.*

L'intention de Sa Majesté est que les Lieutenans, Lieutenans en second ou Cornettes des régimens Hussards de Berchény & de Chamborrant, qui sont ou pourront être prisonniers de guerre, soient remplacés par d'autres Officiers qui seront nommés à leurs charges en attendant leur échange, après lequel ils reprendront leurs emplois, & que les Lieutenans, Lieutenans en second ou Cornettes qui remplaceront les prisonniers de guerre soient payés des mêmes appointemens dont jouissent les Officiers en pied; & qu'après le retour des Officiers prisonniers de guerre, ils continuent de servir à la suite desdits régimens jusqu'à ce qu'ils aient été remplacés aux premiers emplois vacans, voulant Sa Majesté qu'il ne soit nommé aucun Officier nouveau que ceux-ci n'aient été remplacés. *Officiers prisonniers de guerre des régimens d'Hussards.*

LE régiment Royal-Nassau, de Cavalerie légère Allemande, porté par ordonnance du 14 juin 1758, à quatre *RÉGIMENT ROYAL-NASSAU de CAVALERIE LÉGÈRE ALLEMANDE.*

efcadrons, de cent cinquante hommes chacun, en huit compagnies de foixante-quinze hommes chacune, fera payé en campagne, favoir;

Compagnies. Chacune des huit compagnies, fur le pied par jour, de cinq livres au Capitaine, cinquante fols au Lieutenant en premier, quarante fols au Lieutenant en fecond, trente-cinq fols au Cornette, vingt-un fols huit deniers à chacun des deux Maréchaux-des-logis, dix fols au Fourrier, fept fols à chacun des fix Brigadiers, & cinq fols à chacun des foixante-fept Cavaliers & au Trompette ou Timbalier.

État-major. L'État-major dudit régiment, fera payé fur le pied par jour, de trois livres fix fols huit deniers au Meftre-de-camp-lieutenant, indépendamment de fes appointemens de Capitaine de la première compagnie; neuf livres au Lieutenant-colonel, tant pour fes appointemens en cette qualité, que pour lui tenir lieu de ceux de Capitaine, ne devant point avoir de compagnie; fept livres dix fols au Major, cinquante fols à l'Aide-major, trente fols à l'Au-mônier, treize fols quatre deniers au Chirurgien, & dix fols au Prevôt.

DRAGONS. CHACUN des feize régimens de Dragons, mis par ordonnance du 18 août 1755, à quatre efcadrons de cent foixante hommes chacun, en quatre compagnies de quarante Dragons montés, faifant en total fix cents quarante hommes par régiment, fera payé, favoir;

Compagnies. Chacune des feize compagnies par régiment, compofée de quarante hommes, fur le pied par jour, de trois livres dix fols au Capitaine, dont cinquante-cinq fols de fupplément; trente fols au Lieutenant, dont vingt fols de fupplément; vingt fols au Cornette, dont quatorze fols de fupplément; quinze fols au Maréchal-des-logis, dont dix fols de fupplé-ment; huit fols fix deniers au Fourrier, cinq fols fix deniers à chacun des deux Brigadiers, dont deux fols fix deniers de fupplément; & quatre fols fix deniers à chaque Dragon & au Tambour, dont deux fols de fupplément.

Sous-lieutenant & Cornette en charge dans les Le Sous-lieutenant & le Cornette, entretenus dans la compagnie Générale du régiment du Colonel général des

Dragons, & le Cornette auſſi entretenu dans la compagnie deux premiers
Meſtre-de-camp du régiment Meſtre-de-camp général, régimens de
feront payés, à raiſon par jour, de vingt-trois ſols quatre Dragons.
deniers au Sous lieutenant, dont quinze ſols quatre deniers
de ſupplément; & de vingt ſols à chaque Cornette, dont
quatorze ſols de ſupplément.

L'État-major de chaque régiment de Dragons, ſera État-major.
payé ſur le pied par jour, de neuf livres au Meſtre-de-
camp, dont ſept livres ſix ſols huit deniers de ſupplément;
ſept livres ſix ſols huit deniers au Lieutenant-colonel,
dont deux livres quinze ſols de ſupplément, tant pour
leurs appointemens en leurdite qualité que pour leur tenir
lieu de ceux de Capitaine, ne devant point avoir de compagnie; quatre livres au Major, dont trois livres cinq ſols
de ſupplément; cinquante ſols à chacun des premier &
ſecond Aides-major, dont quarante ſols de ſupplément; &
trente ſols à l'Aumônier, dont vingt-un ſols de ſupplément.

Le Meſtre-de-camp-commandant du régiment du Meſtre-de-camp-
Meſtre-de-camp général des Dragons, établi par ordon- commandant du
nance du 27 mars dernier, ſera payé de ſes appointemens régiment Meſtre-
en campagne, ſur le pied de deux cents ſoixante-dix de-camp général
livres par mois. des Dragons.

. Le S.ʳ marquis de Pons, Meſtre-de-camp-lieutenant en Meſtre-de-camp
ſecond du régiment de Dragons d'Orléans, ſera payé de ſes en ſecond du régi-
appointemens en ladite qualité en campagne, ſur le pied de ment de Dragons
cent trente-ſix livres treize ſols quatre deniers par mois, en d'Orléans.
paſſant préſent aux revûes des Commiſſaires des guerres.

. Sa Majeſté ayant jugé à propos, par ſon ordonnance Meſtre-de-camp
particulière du 29 février 1760, d'établir le ſieur Che- commandant du
valier d'Argence Meſtre-de-camp-commandant du régi- régiment de
ment de Beauffremont, Dragons, il ſera payé de ſes Beauffremont,
appointemens en ladite qualité pendant la campagne, Dragons.
ſur le pied de deux cents ſoixante-dix livres par mois.

. Le Colonel-général & le Meſtre-de-camp général des Colonel-général
Dragons, auxquels Sa Majeſté a conſervé leur compa- & Meſtre-de-
gnie, continueront de recevoir en campagne, indépen- camp général,
damment de leurs appointemens de Capitaine, les dix qui conſervent
leur compagnie.

livres par jour qui leur font attribuées en qualité de Meftre-de-camp, par l'ordonnance de Solde d'hiver.

Anciens Commandans des compagnies à pied de Dra-gons. Le Capitaine qui commandoit les quatre compagnies à pied de chaque régiment de Dragons, & qui a paffé à une compagnie, continuera de recevoir, indépendam-ment de fes appointemens de Capitaine, deux livres trois fols quatre deniers par jour, à titre de fupplément d'appointemens, jufqu'à ce qu'il paffe à un autre grade dont le traitement ne fera point inférieur; & celui qui lui fuccédera à fa compagnie, ne recevra que les appointe-mens ordinaires de Capitaine.

Le S.ʳ Lemaire, qui a eu pendant la dernière guerre une commiffion de Capitaine pour commander la com-pagnie de Caftellanne, dans le régiment de Dragons d'Orléans, pendant l'abfence du Capitaine titulaire, fera payé de fes appointemens en campagne, fur le pied de quarante fols par jour, en paffant préfent aux revûes des Commiffaires des guerres.

Officiers réfor-més à la fuite des régimens de Dragons. Les Officiers réformés avec appointemens, qui auront ordre de fervir à la fuite des régimens de Dragons, feront payés en campagne, fur le pied qui leur a été réglé pen-dant l'hiver, à la déduction de trente livres par mois pour chaque Meftre-de-camp, Lieutenant-colonel & Capitaine, & de quinze livres pour chaque Lieutenant.

VOLONTAIRES de SCHOMBERG. LE régiment de Cavalerie légère des Volontaires de Schomberg, porté par ordonnance du premier février 1758, à quatre cents quatre-vingts hommes, en fix brigades de quatre-vingts hommes montés chacune, fera payé, favoir;

Brigades. Chacune des fix brigades, fur le pied par jour, de treize livres au Capitaine, y compris vingt fols de fup-plément; quatre livres feize fols huit deniers au Capitaine en fecond, trois livres fix fols huit deniers au Lieutenant en premier, deux livres treize fols quatre deniers au Lieu-tenant en fecond, quarante-cinq fols au Cornette, trente fols à chacun des deux Maréchaux-des-logis, dix fols fix deniers à chacun des deux Fourriers, huit fols à chacun

des

des quatre Brigadiers, sept sols à chacun des quatre Sous-brigadiers, six sols à chacun des soixante-huit Volontaires, & dix sols à chaque Trompette.

L'État-major dudit régiment, sera payé sur le pied par *État-major.* jour, de trente-neuf livres six sols huit deniers au Mestre-de-camp, qui n'aura point de compagnie ; treize livres au Major, cinq livres dix sols à l'Aide-major, quarante-trois sols quatre deniers à l'Auditeur, pareils quarante-trois sols quatre deniers à l'Aumônier, trois livres au Chirur-gien-major, trente sols au Maréchal-des-logis tenant lieu de Fourrier, quarante sols au Prevôt, & pareils quarante sols au Timbalier & à chacun des quatre Hautbois, vingt-six sols huit deniers au Maître charpentier, & vingt-trois sols quatre deniers à chacun des six Charpentiers.

Sa Majesté ayant jugé à propos de régler, par une *Appointemens* décision particulière du 16 mars 1757, qu'à compter *du Lieutenant-* dudit jour il seroit retenu en faveur & pendant la vie du *colonel du régi-* S.ʳ le Fort, ci-devant Lieutenant-colonel du régiment des *ment de Schom-* Volontaires de Schomberg, la somme de trois mille livres *berg.* par an sur les appointemens de la lieutenance-colonelle ; Elle auroit consenti en même temps à ce que le S.ʳ de Cholet, qui lui a succédé dans cette charge, conservât la brigade qu'il avoit dans ledit régiment ; à l'effet de quoi Elle ordonne que cette somme de trois mille livres sera prélevée sur les six mille deux cents quarante livres d'ap-pointemens par an attachées à ladite charge de Lieute-nant-colonel, & payée à compter dudit jour 16 mars 1757 au S.ʳ le Fort, sur les ordres particuliers que Sa Majesté fera expédier à cet effet, & que tant que cette retenue aura lieu, ledit S.ʳ de Cholet ne reçoive que neuf livres par jour pour ses appointemens de Lieutenant-colonel, indépendamment de son traitement de Capi-taine Chef de brigade, dont lui & ses successeurs en ladite charge de Lieutenant-colonel jouiront jusqu'à ce que ladite retenue cesse ; son intention étant qu'alors lesdits appointemens soient rétablis à dix-sept livres six sols huit deniers par jour, & que ceux qui rempliront cette charge les reçoivent fur ce pied, en obfervant qu'ils ne devront plus avoir de brigade, conformément à l'ordonnance du 8 janvier 1751.

Pour le payement de la folde fans aucune retenue.

Au moyen du traitement réglé ci-deffus aux Capitaines Chefs de brigade, Sa Majefté entend qu'ils ne puiffent rien retenir fur la folde des Brigadiers, Sous-brigadiers, Trompettes & Volontaires, foit pour le ferrage des chevaux ou quelque autre chofe que ce foit, qui demeurera à la charge defdits Capitaines : Ordonne Sa Majefté qu'ils foient tenus de fournir par année, à chacun des hommes de leur brigade, une paire de fouliers, deux chemifes, un col, & ce qu'il a été d'ufage jufqu'à préfent de leur donner, indépendamment de leur folde.

I X.

Supplément de paye à quatre Carabiniers dans chacune des compagnies de Cavalerie, & aux quatre plus anciens Dragons par compagnie.

VEUT Sa Majefté que les quatre Carabiniers qui font en chacune des compagnies des cinquante-cinq régimens de Cavalerie françoife & des régimens étrangers de Filtzjames, Royal - Allemand, Wirtemberg, Naffau-Saarbruck & Raugrave, les quatre plus anciens Carabiniers de chacune des compagnies des cinq brigades du régiment des Carabiniers de M. le Comte de Provence, & les quatre plus anciens Dragons de chaque compagnie continuent de jouir, pendant la campagne, du fupplément de paye de fix deniers par jour, qui leur a été réglé par l'ordonnance de folde du 25 février 1758.

X.

MASSE de la Cavalerie & des Dragons.

OUTRE la folde ci-deffus de la Cavalerie françoife & étrangère & des Dragons, il fera payé douze deniers par jour pour chaque Fourrier, Brigadier, Cavalier, Carabinier, Huffard, Volontaire, Dragon, Trompette, Timbalier & Tambour, pour former une Maffe toûjours complète par année, dont le fonds reftera entre les mains du Tréforier général de l'extraordinaire des guerres, pour être délivré & employé à la fin de chaque année, ainfi qu'il eft réglé par l'ordonnance de folde du 25 février 1760.

1. Mai 1761.

L'intention de Sa Majesté est que ce qui est ci-dessus réglé pour les Gardes, Gendarmes, Chevaux-légers, Mousquetaires & Grenadiers à cheval, & pour les Sergens, Soldats, Gendarmes & Chevaux-légers de la Gendarmerie, Cavaliers, Carabiniers, Hussards & Dragons des troupes tant françoises qu'étrangères, pendant qu'elles se trouveront en campagne, leur soit entièrement payé, sans que les Capitaines puissent en rien retenir, sous quelque prétexte que ce puisse être; au moyen de quoi, Sa Majesté veut & entend que la retenue qu'Elle a prescrite, d'un sol par jour sur celle de chaque Cavalier, Carabinier, Hussard & Dragon, pour rester entre les mains du Major, Aide-major ou autre Officier chargé du détail de chaque Corps, pour leur être délivré tous les trois mois, après que ledit Officier-major aura examiné s'ils sont fournis de linge, culotte, bas & souliers, n'ait lieu en temps de guerre, que pendant les six mois d'hiver, & jusqu'au temps que les régimens qui seront destinés à servir en campagne y entreront.

Pour le payement de la solde sans retenue pendant la campagne.

Comme quelques-uns des régimens destinés à servir dans les Armées, pourroient demeurer dans les Places pendant une partie de la campagne, Sa Majesté entend qu'ils y soient payés de leur solde d'hiver en conformité de l'ordonnance du 25 février 1760, que le pain soit fourni aux Sergens, Soldats, Cavaliers, Carabiniers, Hussards, Dragons, Trompettes, Timbaliers & Tambours, & qu'il soit retenu sur leur solde deux sols pour chaque ration.

Pour le traitement des troupes dans les garnisons pendant la campagne.

X I.

PAIN *de munition aux Troupes.*

POUR les Sergens, Cadets, Fourriers, Capitaines-d'armes, Caporaux, Anspessades, Canonniers, Charpentiers, Ouvriers, Bombardiers, Sappeurs, Mineurs, Grenadiers, Fusiliers, Chasseurs, Fifres, Tambourins, Tambours, Brigadiers, Cavaliers, Hussards, Dragons, Trompettes, Timbaliers & Hautbois, la ration sera de vingt-huit onces,

Composition de la ration.

cuit & raffis; & pour les Officiers de fes troupes, comme par le paffé, fur le pied de vingt-quatre onces, conformément à l'ordonnance du 1.er mai 1758.

Sa Majefté voulant régler les quantités de rations de pain de munition qui feront fournies aux Troupes deftinées à fervir dans fes Armées pendant la campagne, Elle ordonne que cette fourniture leur foit faite fur le pied ci-après,

SAVOIR:

rations.

GARDES-FRANÇOISES. Compagnies de Grenadiers. A chaque compagnie de Grenadiers du régiment des Gardes-françoifes, qui fervira en campagne, compofée de cent quatre Grenadiers qui auront chacun une ration, & de fix Sergens qui auront chacun deux rations, la quantité de cent feize rations de pain de munition par jour (les Officiers n'en devant point avoir), ci . . . 116.

Compagnies de Fufiliers. A chaque compagnie de Fufiliers dudit régiment des Gardes-françoifes, qui fervira en campagne, compofée de cent trente-quatre Fufiliers qui auront chacun une ration, & de fix Sergens qui auront chacun deux rations, la quantité de cent quarante-fix rations de pain par jour (les Officiers n'en devant point avoir), ci . . . . 146.

GARDES-SUISSES. Compagnies. A chacune des compagnies du régiment des Gardes-fuiffes, qui fervira en campagne, compofée de deux cents hommes, les Officiers compris, la quantité de deux cents rations par jour, ci . . . . 200.

Retenue pour le pain de munition des Gardes-françoifes & Suiffes. Pour lequel pain de munition ci-deffus réglé pour les compagnies de Grenadiers & de Fufiliers du régiment des Gardes-françoifes, & compagnies du régiment des Gardes-fuiffes, il fera retenu fur la folde defdites compagnies, deux fols par ration de pain qui leur fera fournie, conformément au nombre d'hommes qui feront employés dans les revûes des Commiffaires des guerres prépofés à cet effet.

INFANTERIE FRANÇOISE, RÉGIMENT des GRENADIERS de FRANCE, CORPS ROYAL de l'ARTILLERIE. COMPAGNIES d'OUVRIERS & de MINEURS, Il fera fourni du pain de munition aux Officiers & Soldats des régimens d'Infanterie françoife, du régiment des Grenadiers de France, des fix brigades du Corps royal de l'Artillerie, des fix compagnies d'Ouvriers & fix comgnies de Mineurs; & des régimens d'Infanterie Italienne,

Irlandoife

1. Mai 1761.

73

Irlandoife & Écoffoife, & les régimens Royal-Lorraine & Royal-Barrois, lorfqu'ils ferviront en campagne, fur le pied par jour, favoir;

INFANTERIE ITALIENNE, IRLANDOISE & ÉCOSSOISE, & les régimens ROYAL-LORRAINE & ROYAL-BARROIS.

Compagnies.

A chaque Capitaine en pied, fix rations, ci . . . . rations. 6.

A chaque Capitaine en fecond, ci-devant en pied, provenant de la réforme de 1748, & qui tiennent lieu de Lieutenant dans les compagnies, pareil nombre de fix rations, ci . . . . 6.

A chaque Capitaine en fecond des régimens Royal-Lorraine & Royal-Barrois, du Corps royal de l'Artillerie, des Ouvriers & Mineurs, des régimens Royal-Italien & Royal-Corfe, & des régimens Irlandois & Écoffois, la quantité de cinq rations, ci . . . . 5.

A chaque Lieutenant des compagnies d'Infanterie françoife, des régimens Royal-Italien & Royal-Corfe, des régimens Irlandois & Écoffois, & les premiers Lieutenans en fecond & Lieutenans en troifième des compagnies du Corps royal de l'Artillerie, & des compagnies d'Ouvriers & de Mineurs, la quantité de quatre rations, ci . . . . , . . . 4.

A chaque fecond Capitaine en fecond du régiment Royal-Italien, qui fait les fonctions de Lieutenant, pareille quantité de quatre rations, ci . . . . 4.

A chaque Lieutenant en fecond, Sous-lieutenant & Enfeigne, trois rations, ci . . . . 3.

A chaque Lieutenant en fecond & Sous-lieutenant fans appointemens qui fervent dans le régiment du Roi, trois rations, ci . . . . 3.

A chaque Sergent d'Infanterie, Maître-ouvrier, ou Maître-batelier, deux rations, ci . . . . 2.

A chaque Caporal, Anfpeffade, Sous-maître-ouvrier, Grenadier, Appointé, Fufilier, Sappeur, Canonnier, Bombardier, Mineur, Ouvrier, Apprentif & Tambour, une ration, ci . . . . 1.

A chacun des trois cents quarante Surnuméraires qui font entretenus au-delà du complet, dans le régiment d'Infanterie de Sa Majefté, à raifon de cinq hommes par compagnie, une ration, ci . . . . 1.

Surnuméraires du régiment du Roi.

Les Officiers de l'État-major de chacun des régimens d'Infanterie Françoife, Italienne, Irlandoife & Écoffoife, &

États-majors de l'Infanterie Françoife, &c.

T

de chacune des six brigades du Corps royal de l'Artillerie ; & des régimens Royal-Lorraine & Royal-Barrois, en servant en campagne, recevront le pain de munition sur le pied par jour, savoir ;

A chaque Colonel, sans compagnie, des régimens d'Infanterie, & Chef de brigade de Royal-Artillerie, dix-huit rations, ci . . . . **18.** *rations.*

A chaque Colonel du Corps royal de l'Artillerie, seize rations, ci . . . . **16.**

A chaque Colonel en second & Colonel commandant des régimens où il s'en trouvera, quatorze rations, ci . . **14.**

Au Colonel commandant du régiment Royal-Corse, qui a compagnie, huit rations, ci . . . . **8.**

A chaque Lieutenant-colonel, sans compagnie, dix rations, ci . . . . **10.**

A chaque Commandant des second, troisième & quatrième bataillons d'Infanterie Françoise, huit rations, ci . . . . **8.**

Au premier Capitaine commandant les six compagnies de Mineurs, huit rations, ci . . . . **8.**

Au premier Capitaine en second de la première compagnie de Mineurs, six rations, ci . . . . **6.**

A chaque Major, six rations, ci . . . . **6.**

A chaque Aide-major, & à chacun des six Sous-aides-major du Corps royal de l'Artillerie, quatre rations, ci... **4.**

A chaque Garçon-major du Corps royal de l'Artillerie, trois rations, ci . . . . **3.**

A chaque Maréchal-des-logis, trois rations, ci . . . . . . **3.**

A chaque Aumônier & Chirurgien, deux rations, ci . . . . **2.**

Au Tambour-major de chacun des régimens Royal-Italien & Royal-Corse, une ration, ci . . . . **1.**

Colonel-lieutenant du régiment du Roi. Au Colonel-lieutenant du régiment d'Infanterie de Sa Majesté, auquel la compagnie a été conservée, douze rations de pain par jour, outre celles qui lui sont attribuées comme Capitaine, ci . . . . **12.**

Maîtres à enseigner du régiment du Roi. Aux quatre Maîtres, pour enseigner, du régiment d'Infanterie de Sa Majesté, la quantité de seize rations, à raison de quatre rations à chacun, ci . . . . **16.**

1. Mai 1761.

75

La Prevôté de chacun des régimens d'Infanterie Fran- *Prevôtés.*
çoife où il y en a, de Royal-Italien, Royal-Corfe & de
Roth & Berwick Irlandois, aura du pain de munition en
fervant en campagne, fur le pied par jour, favoir;

rations.

Au Prevôt, quatre rations, ci . . . . 4.

A fon Lieutenant, trois rations, ci . . . . 3.

Au Greffier, deux rations, ci . . . . 2.

A chacun des cinq Archers & à l'Exécuteur de Juftice,
une ration, ci . . . . 1.

L'État-major du régiment des Grenadiers de France, *État-major.*
recevra le pain de munition, en fervant en campagne,
fur le pied par jour, favoir;

A l'Infpecteur commandant en chef, vingt-quatre rations,
ci . . . . 24.

Au Commandant en fecond du corps, dix-huit rations,
ci . . . . 18.

A chaque Colonel attaché au corps, qui fervira en campagne,
feize rations, ci . . . . 16.

A chaque Lieutenant-colonel, dix rations, ci . . . . 10.

Au Major du régiment, dix-huit rations, ci . . . . 18.

A l'Aide-major dudit régiment, huit rations, ci . . . . . 8.

A chacun des quatre Aides-major de brigade, fix rations,
ci . . . . 6.

A chacun des quatre Sous-aides-major de brigade, quatre
rations, ci . . . . 4.

Au Tambour-major & au Fifre defdits Grenadiers de
France, chacun une ration, ci . . . . 1.

Les Officiers réformés d'Infanterie Françoife, Italienne, *Officiers réfor-*
més d'Infanterie.
Irlandoife & Écoffoife, qui ferviront en campagne à la
fuite defdits régimens, recevront le pain de munition fur
le pied par jour, favoir;

A chaque Colonel & Lieutenant-colonel, fix rations, ci . . 6.

A chaque Capitaine, quatre rations, ci . . . . 4.

A chaque Lieutenant, deux rations, ci . . . . 2.

Les compagnies des régimens de Grenadiers-royaux, *MILICE*

& RÉGIMENS des GRENADIERS-ROYAUX. qui ferviront en campagne, & celles des bataillons de Milice qui camperont, auront du pain de munition fur le pied par jour, favoir;

rations.

A chaque Sergent, deux rations, ci . . . . 2.

A chaque Caporal, Anfpeffade, Grenadier, Grenadier-poftiche, Fufilier & Tambour, une ration, ci . . . . . 1.

Pain des Officiers de Grenadiers - royaux & des bataillons de Milice. Sa Majefté veut bien accorder aux Officiers des régimens de Grenadiers-royaux, qui fervent en campagne, & aux Officiers des bataillons de Milice qui camperont, la fourniture du pain de munition *gratis*, fuivant leur grade, aux mêmes quantités de rations ci-deffus réglées pour les Officiers de l'Infanterie françoife: A l'égard des Officiers des bataillons de Milice employés dans les communications à l'armée, ils auront la liberté de prendre du pain de munition, comme par le paffé; mais il fera retenu fur leurs appointemens, deux fols pour chaque ration de pain qui leur fera fournie.

A l'égard des Sergens & Soldats des bataillons de Milices qui font employés dans les communications à l'armée, comme ils font à la folde de garnifon, il leur fera auffi retenu deux fols pour chaque ration de pain.

TROUPES-LÉGÈRES. Sa Majefté veut bien auffi accorder la fourniture du pain de munition *gratis* aux Officiers d'Infanterie, Cavalerie, Huffards & Dragons des Troupes légères qui fervent dans fes armées, laquelle fourniture leur fera faite fur le pied par jour ainfi qu'il eft expliqué ci-après.

RÉGIMENT des VOLONTAIRES de FLANDRE, du HAYNAULT, DAUPHINÉ, de CLERMONT & d'AUSTRASIE & des VOLONTAIRES de SOUBISE.

COMPAGNIES DE GRENADIERS & DE FUSILIERS.

A chaque Capitaine, fix rations, ci . . . . 6.

A chaque Lieutenant ou Sous-lieutenant, trois rations, ci . . . . 3.

COMPAGNIES DE DRAGONS.

A chaque Capitaine, fix rations, ci . . . . 6.

A chaque Lieutenant, quatre rations, ci . . . . 4.

A chaque Cornette, trois rations, ci . . . . 3.

A chaque Maréchal-des-logis, deux rations, ci . . . . . 2.

ÉTAT-MAJOR.

77

É T A T - M A J O R.

rations.

A chaque Colonel, fans compagnie, dix-huit rations, ci . .   18.

Au Colonel en fecond du régiment d'Auftrafie, & à celui des Volontaires de Soubife, qui n'ont point de compagnie, chacun quatorze rations, ci . . . .   14.

A chaque Lieutenant-colonel, fans compagnie, dix rations, ci . . . .   10.

A chaque Commandant de l'Infanterie, ayant compagnie, deux rations, ci . . . .   2.

A chaque Major, fix rations, ci . . . .   6.

A chaque Aide-major d'Infanterie, quatre rations, ci. . .   4.

A chaque Aide-major de Dragons, quatre rations, ci . .   4.

A chaque Aumônier & Chirurgien, deux rations, ci . .   2.

O F F I C I E R S   R É F O R M É S.

Au fieur de Romé, Lieutenant - colonel réformé, huit rations, ci . . . .   8.

A chaque Capitaine réformé, quatre rations, ci . . . . .   4.

A chaque Capitaine en pied, fix rations, ci. . . . .   6.   *LÉGION-ROYALE.*

A chaque Lieutenant, trois rations, ci . . . .   3.   *Compagnies*

A chaque Lieutenant en fecond, trois rations, ci . . . .   3.   *de Grenadiers.*

A chaque Capitaine titulaire, fix rations, ci . . . .   6.   *Compagnies mêlées d'Infanterie, de Cavalerie ou de Dragons.*

A chaque Capitaine en fecond, quatre rations, ci. . . .   4.   *Pour la partie de l'Infanterie.*

A chaque Lieutenant & Lieutenant en fecond ou Enfeigne, trois rations, ci . . . .   3.

A chaque Capitaine en fecond, quatre rations, ci. . . .   4.   *Pour la partie de la Cavalerie & Dragons.*

A chaque Lieutenant & Lieutenant en fecond, trois rations, ci.   3.

A chaque Maréchal - des - logis, deux rations, ci. . . . .   2.

A chaque Capitaine en pied, fix rations, ci. . . . . . .   6.   *Compagnies d'Huffards.*

A chaque Lieutenant en premier, quatre rations, ci. . .   4.

A chaque fecond Lieutenant & Cornette, trois rations, ci . . . .   3.

V

rations.

A chaque Maréchal-des-logis, deux rations, ci . . . . 2.

Compagnies d'Ouvriers.

Au Capitaine, quatre rations, ci . . . . 4.

A chaque Lieutenant, Lieutenant en second & Sous-lieutenant, trois rations, ci . . . . 3.

État-major.

Au Colonel commandant, sans compagnie, dix-huit rations, ci . . . . 18.

Au Colonel commandant en second, sans compagnie, quatorze rations, ci . . . . 14.

Au Lieutenant-colonel, avec compagnie, quatre rations, ci . . . . 4.

Au Major, six rations, ci . . . . 6.

A chaque Aide-Major d'Infanterie ou de Dragons, quatre rations, ci . . . . 4.

A l'Aumônier, deux rations, ci . . . . 2.

A chaque Chirurgien-major & Chirurgien Aide-major, deux rations, ci . . . . 2.

Au Prevôt, trois rations, ci . . . . 3.

Capitaines & Lieutenans des Corps de Chasseurs de Berchény & de Turpin, entretenus à la suite des corps de Troupes légères.

Les Capitaines & Lieutenans des corps de Chasseurs de Berchény & de Turpin, que Sa Majesté a jugé à propos d'incorporer à la suite des différens corps de Troupes légères, devant continuer à jouir de leur même traitement, recevront la fourniture de pain en campagne, sur le pied par jour, savoir;

A chaque Capitaine, six rations, ci . . . . 6.

A chaque Lieutenant, quatre rations, ci . . . . 4.

A chaque Sous-lieutenant, trois rations, ci . . . . 3.

ROYAL-CANTABRES.

Compagnies de Grenadiers & de Fusiliers.

A chaque Capitaine de Grenadiers & de Fusiliers, six rations, ci . . . . 6.

A chaque Capitaine en second, quatre rations, ci . . . . 4.

A chaque Lieutenant ou Lieutenant en second, trois rations, ci . . . . 3.

État-major.

Au Colonel-lieutenant, sans compagnie, dix-huit rations, ci . . . . 18.

Au Lieutenant-colonel, aussi sans compagnie, dix rations, ci . . . . 10.

79

rations.

Au Major, six rations, ci. . . . . 6.

A l'Aide - major, quatre rations, ci . . . . 4.

A l'Aumônier & au Chirurgien, chacun deux rations, ci. . 2.

RÉGIMENT DE DRAGONS-CHASSEURS DE CONFLANS.

A chaque Capitaine en second, cinq rations, ci. . . . . . 5. *Compagnies à pied.*

A chaque premier & second Lieutenant, & Sous-lieutenant, trois rations, ci . . . . 3.

A chaque premier Capitaine en second, cinq rations, ci. . . 5. *Compagnies à cheval.*

A chaque second Capitaine en second & premier Lieutenant, quatre rations, ci. . . . . 4.

A chaque second Lieutenant, trois rations, ci. . . . . . 3.

A chaque Maréchal - des - logis, deux rations, ci. . . . . 2.

Au Colonel, tant en cette qualité que comme Capitaine de toutes les compagnies, dix - huit rations, ci. . . . . 18.   *État-major.*

Au sieur Fischer, premier Lieutenant - colonel, dix - huit rations, ci . . . . 18.

Au second Lieutenant-colonel, sans compagnie, dix rations, ci. 10.

Au Major, six rations, ci. . . . . 6.

A chaque Aide-major d'Infanterie ou de Cavalerie, quatre rations, ci. . . . . 4.

A chacun des Aumônier & Chirurgien, deux rations, ci. . . 2.

Au Prevôt, trois rations, ci. . . . . 3.

FUSILIERS DE MONTAGNE.

A chaque Capitaine en premier, six rations, ci. . . . . 6.

A chaque Capitaine en second, quatre rations, ci. . . . . 4.

A chaque Lieutenant, trois rations, ci. . . . . 3.

Au Commandant, sans compagnie, dix-huit rations, ci. . . 18.

A l'Aide - major, quatre rations, ci. . . . . 4.

COMPAGNIES DE FUSILIERS-GUIDES.

A chaque Capitaine, six rations, ci. . . . . 6.

A chaque Lieutenant ou Sous-lieutenant, quatre rations, ci. 4.

COMPAGNIE FRANCHE
DES VOLONTAIRES DE CAMBEFORT.

rations.

Au Capitaine titulaire, fix rations, ci. . . . . 6.

Au Capitaine en fecond d'Infanterie, quatre rations, ci. . . 4.

A chaque Lieutenant ou Sous-lieutenant d'Infanterie, trois
rations, ci . . . . 3.

Au Lieutenant & au Sous-lieutenant de Dragons, chacun
quatre rations, ci. 4.

A chaque Maréchal-des-logis, deux rations, ci. . . . . 2.

COMPAGNIE FRANCHE DE MONET.

Au Capitaine titulaire, fix rations, ci . . . . 6.

Au Capitaine en fecond de Chaffeurs à pied, quatre
rations, ci . . . . 4.

Au premier & au fecond Lieutenant, chacun trois rations,
ci . . . . 3.

Au Capitaine en fecond des Chaffeurs à cheval, cinq
rations, ci. . . . . 5.

Au premier Lieutenant, quatre rations, ci. . . . . 4.

Au fecond Lieutenant, trois rations, ci. . . . . 3.

Au Maréchal-des-logis, deux rations, ci. . . . . 2.

Au Capitaine en fecond d'Huffards, cinq rations, ci . . . . 5.

Au premier Lieutenant, quatre rations, ci. . . . . 4.

Au fecond Lieutenant, trois rations, ci. . . . . 3.

Au Maréchal-des-logis, deux rations, ci. . . . . 2.

COMPAGNIE DE CHASSEURS À PIED DE PONCET.

Au Capitaine titulaire, fix rations, ci . . . . 6.

A chaque Capitaine en fecond, quatre rations, ci . . . . 4.

A chaque Lieutenant ou Sous-lieutenant, trois rations,
ci . . . . 3.

A l'égard des Sergens, Cadets, Fourriers, Capitaines
d'armes, Caporaux, Anfpeffades, Canonniers, Charpentiers,
Armuriers, Artificiers, Ouvriers, Grenadiers, Fufiliers,
Tambours, Tambourins, Corneurs, Brigadiers, Cavaliers,
Huffards,

Huffards, Dragons, Guides, Trompettes & Timbaliers, il leur fera fourni, lorfque les Corps ferviront auffi en campagne, favoir, deux rations de pain de munition par jour à chaque Sergent, & aux Brigadiers du corps des Fufiliers de Montagne, & une ration à chacun des autres; mais il leur fera retenu alors deux fols pour chaque ration fur leur folde.

A l'égard des furnuméraires qui fervent à pied dans le régiment de Dragons-chaffeurs de Conflans, il leur fera pareillement fourni une ration de pain par jour, à la retenue de deux fols fur leur folde, jufqu'au premier juin prochain qu'ils ne doivent plus recevoir de folde.

Chacune des compagnies des régimens Suiffes & Grifons, qui ferviront en campagne, compofée de cent vingt hommes, y compris les Officiers, recevra cent vingt rations de pain par jour, & il fera retenu fur la folde deux fols pour chaque ration qui lui fera fournie, rations. fuivant les revûes des Commiffaires des guerres, ci.... 120.

SUISSES & GRISONS. *Compagnies. Retenue pour le pain.*

LES Officiers des régimens d'Infanterie Allemande d'Alface, d'Anhalt, la Marck, Royal-Suédois, Royal-Bavière, de Naffau & Royal-Deux-Ponts, recevront, en conféquence de leur nouvelle capitulation, la fourniture du pain de munition *gratis,* fur le pied ci-après, favoir;

RÉGIMENS d'INFANTERIE ALLEMANDE.

COMPAGNIE DE GRENADIERS ET DE FUSILIERS.

A chaque Capitaine, fix rations, ci . . . . 6.

A chaque Capitaine-lieutenant, cinq rations, ci . . . . . 5.

A chaque Lieutenant, quatre rations, ci . . . . 4.

A chaque Sous-lieutenant & Enfeigne, trois rations, ci... 3.

ÉTAT - MAJOR.

Au Colonel en fecond du régiment d'Alface, & au Colonel en fecond du régiment Royal-Deux-Ponts, chacun douze rations, indépendamment de celles qu'ils recevront comme Capitaine, ci . . . . 12.

Au Colonel de chacun des autres régimens, *idem,* ci . . 12.

X

A chaque Colonel - commandant defdits régimens, huit rations, indépendamment de celles qu'il recevra comme Capitaine, ci . . . . 8.

A chaque Lieutenant - colonel, quatre rations, indépendamment de celles qu'il recevra comme Capitaine, ci . 4.

A chaque Commandant de bataillon, deux rations, indépendamment de celles qu'il recevra comme Capitaine, ci . . . . 2.

A chaque Major, fix rations, ci . . . . 6.

A chaque Aide-major, quatre rations, ci . . . . 4.

A chaque Sous-aide-major, trois rations, ci . . . . 3.

A chaque Aumônier & Chirurgien, deux rations, ci . . . 2.

OFFICIERS RÉFORMÉS.

Les Officiers réformés, qui ferviront en campagne, recevront du pain de munition fur le pied par jour, favoir ;

A chaque Colonel & Lieutenant-colonel, fix rations, ci . 6.

A chaque Commandant de bataillon, cinq rations, ci . . 5.

A chaque Capitaine, quatre rations, ci . . . . 4.

A chaque Lieutenant, deux rations, ci . . . . 2.

Il fera auffi fourni à chacun des hommes dont chaque compagnie fe trouvera compofée, fuivant les revûes des Commiffaires des guerre, une ration de pain de munition par jour, pour laquelle il leur fera retenu deux fols fur leur folde.

Le Capitaine, le Lieutenant, le Sous-lieutenant, les quatre Sergens & les huit Caporaux attachés à chacun de ces régimens pour le travail des recrues, ne doivent point participer à cette fourniture.

RÉGIMENS de BOUILLON, de VIERZET & d'HORION.

Chacune des compagnies du régiment étranger de Bouillon, & des régimens d'Infanterie liégeoife de Vierzet & d'Horion, compofée de quatre - vingt - cinq hommes, non compris les Officiers, recevra le pain de munition, en fervant en campagne, fur le pied de quatre-vingt-cinq rations par jour (les Officiers n'en devant point avoir), dont la retenue fera faite fur la folde, à raifon de deux

Retenue pour le pain.

1. Mai 1761.

83

fols pour chaque ration qui fera fournie aux compagnies, rations. fuivant les revûes des Commiffaires des guerres, ci. . . . . 85.

G E N D A R M E R I E.

LES Cornettes des quatre compagnies des Gardes-du-corps de Sa Majefté, auront le pain de munition, en fervant en campagne, fur le pied par jour, favoir; *GARDES-DU-CORPS du ROI.*

A chaque Lieutenant & Enfeigne, douze rations, ci . . 12.

A chaque Exempt, fix rations, ci . . . . 6.

A chaque Aide-major, fept rations, ci. . . . . 7.

A chaque Sous-aide-major, fix rations, ci. . . . . . . 6.

A chacun des quatre Aumôniers & quatre Chirurgiens, deux rations, ci . . . . 2.

A chaque Brigadier & Sous-brigadier, deux rations, ci . . 2.

A chaque Garde-du-corps, Trompette & Timbalier, une ration, ci . . . . 1.

La Cornette de la compagnie des Gendarmes & celle de la compagnie des Chevaux-légers de la garde de Sa Majefté, auront du pain de munition, en fervant en campagne, fur le pied par jour, favoir; *GENDARMES & CHEVAUX-LÉGERS de la GARDE du ROI.*

A chaque Capitaine-lieutenant, douze rations, ci. . . . . 12.

A chaque Sous-lieutenant, fix rations, ci. . . . . 6.

A chaque Enfeigne, Guidon & Cornette, trois rations, ci. . . . . 3.

A chaque Aide-major, Maréchal-des-logis & Aumônier, deux rations, ci . . . . 2.

A chaque Brigadier, Sous-brigadier, Porte-étendard, Sous-aide-major, Gendarme, Chevau-leger, Trompette, Timbalier, Chirurgien, Apothicaire, Fourrier, Sellier & Maréchal-ferrant, une ration, ci . . . . 1.

Les détachemens des deux compagnies de Moufquetaires de la garde de Sa Majefté, auront le pain de munition, en fervant en campagne, fur le pied par jour, favoir; *MOUSQUETAIRES de la GARDE du ROI.*

A chaque Sous-lieutenant, Enfeigne & Cornette, fix rations, ci . . . . 6.

A chaque Maréchal-des-logis, dont deux font les fonctions rations. d'Aide-major, deux rations, ci . . . . 2.

A chaque Aumônier, deux rations, ci . . . . 2.

A chaque Brigadier, Sous-brigadier, dont deux font les fonctions de Sous-aide-major, Porte-étendard, Mouſquetaire, Tambour, Chirurgien, Apothicaire, Fourrier, Sellier & Maréchal-ferrant, une ration, ci . . . . 1.

GRENADIERS à CHEVAL. La compagnie des Grenadiers à cheval de Sa Majeſté, recevra le pain de munition, en ſervant en campagne, ſur le pied par jour, ſavoir ;

Au Capitaine-lieutenant, douze rations, ci . . . . 12.

A chaque Lieutenant, huit rations, ci. . . . . 8.

A chaque Sous-lieutenant, ſix rations, ci . . . . 6.

A l'Aide-major, ſix rations, ci . . . . 6.

A chaque Maréchal-des-logis, trois rations, ci. . . . . . 3.

A chacun des Aumônier & Chirurgien, deux rations, ci . 2.

A chaque Sergent, Brigadier, Sous-brigadier, Appointé, Porte-étendard, Grenadier à cheval & Tambour, une ration, ci . . . . 1.

GENDARMERIE. *Compagnies de Gendarmes & de Chevaux-légers.* Les dix compagnies de Gendarmes, & les ſix compagnies de Chevaux-légers de la Gendarmerie, recevront le pain de munition, en ſervant en campagne, ſur le pied par jour, ſavoir ;

A chaque Capitaine-lieutenant, dix rations, ci . . . . . . 10.

A chaque Sous-lieutenant, quatre rations, ci . . . . . . 4.

A chaque Enſeigne, Guidon & Cornette, trois rations, ci . . . . 3.

A chaque Maréchal-des-logis, deux rations, ci . . . . . . 2.

A chaque Brigadier, Sous-brigadier, Porte-étendard, Gendarme, Chevau-léger, Trompette, & à chacun des huit Timbaliers de ladite Gendarmerie, une ration, ci... 1.

État-major de la Gendarmerie. Au Major, douze rations, ci . . . . 12.

A l'Aide-major, huit rations, ci . . . . 8.

A chacun des deux Sous-aides-major, ſix rations, ci . . 6.

A chacun des deux Aumôniers de ladite Gendarmerie, deux rations, ci . . . . 2.

CAVALERIE

1. *Mai* 1761.

85

CAVALERIE FRANÇOISE ET ÉTRANGÉRE,
CARABINIERS, HUSSARDS & DRAGONS.

Les compagnies des régimens de Cavalerie françoife, des Carabiniers de M. le Comte de Provence, de la Cavalerie étrangère, de Huffards & de Dragons, qui ferviront en campagne, recevront le pain de munition fur le pied par jour, favoir; *CAVALERIE, HUSSARDS & DRAGONS.*

rations. *Compagnies.*

A chaque Capitaine en pied & à chaque Capitaine réformé en 1748 & 1749, qui a eu troupe, fix rations, ci . . . 6.

A chaque Lieutenant & au Sous-lieutenant en charge qui eft en chacune des compagnies Colonelle des régimens du Colonel-général de la Cavalerie & du Colonel-général des Dragons, quatre rations, ci . . . . 4.

A chaque Lieutenant en fecond des régimens d'Huffards & du régiment de Royal-Naffau de Cavalerie allemande, trois rations, ci . . . . 3.

A chaque Cornette, trois rations, ci . . . . 3.

A chaque Maréchal-des-logis, deux rations, ci . . . . . 2.

A chaque Fourrier, Brigadier, Cavalier, Carabinier, Volontaire, Huffard, Dragon, Trompette, Timbalier & Tambour, une ration, ci . . . . 1.

Les Officiers des États-majors defdits régimens de Cavalerie & de Dragons, qui ferviront en campagne, recevront le pain de munition fur le pied par jour, favoir; *États-majors de la Cavalerie, des Huffards & des Dragons.*

A chaque Meftre-de-camp de Cavalerie & de Dragons, & Meftre-de-camp-lieutenant de chaque brigade du régiment des Carabiniers, auxquels Sa Majefté a confervé les compagnies, douze rations, indépendamment de celles qu'ils reçoivent comme Capitaine, ci . . . . . 12.

A chaque Lieutenant-colonel, auquel Sa Majefté a pareillement confervé fa compagnie, quatre rations, outre celles qui lui font attribuées comme Capitaine, ci . . . 4.

A chaque Meftre-de-camp de Cavalerie & de Dragons, fans compagnie, dix-huit rations, ci . . . . 18.

A chaque Meftre-de-camp en fecond ou Meftre-de-camp-commandant des régimens de Cavalerie & de Dragons, quatorze rations, ci . . . . 14.

Y

rations.

Au Meſtre-de-camp-lieutenant du régiment des Carabiniers, vingt - quatre rations , indépendamment des ſix rations qu'il recevra comme Capitaine, ci . . . . 24.

Au Major du même régiment, ayant rang de Meſtre-de-camp, dix-huit rations, ci . . . . 18.

A l'Aide-major du même régiment, huit rations, ci . . . 8.

A chaque Lieutenant-colonel, auſſi ſans compagnie, dix rations, ci . . . . 10.

Au Lieutenant-colonel en ſecond, qui eſt entretenu en chacun des régimens d'Huſſards, huit rations, ci . . . . 8.

Au Major du régiment de Wirtemberg, huit rations, ci . . 8.

A chaque Major, dont deux dans Royal-Allemand, ſix rations, ci . . . . 6.

A chaque Aide-major des Carabiniers, ſix rations, ci . . 6.

A chaque Aide-major de Cavalerie, Huſſards & Dragons, & Sous-aide-major de Carabiniers, quatre rations, ci . . 4.

A chaque ſecond Aide-major des régimens d'Huſſards & de Dragons, quatre rations, ci . . . . 4.

A chaque Aumônier & Chirurgien dans la Cavalerie, les Huſſards & Cavalerie légère, & à l'Aumônier ſeulement dans les Dragons, deux rations, ci . . . . 2.

ROYAL-ALLEMAND. Dans le régiment de Royal-Allemand, deux rations au Maréchal-des-logis de l'État-major, ci . . . . 2.

Prevôté. Au Prevôt dudit régiment, quatre rations, ci . . . . . . 4.

A ſon Lieutenant, trois rations, ci . . . . 3.

Au Greffier, deux rations, ci . . . . 2.

A chacun des quatre Archers & à l'Exécuteur de Juſtice, une ration, ci . . . . 1.

Pour les femmes & enfans dudit régiment Royal-Allemand, la quantité de ſoixante rations de pain par jour, ci . . . 60.

WIRTEMBERG. Dans le régiment de Wirtemberg, quatre rations par jour *Prevôté.* à l'Auditeur, ci . . . . 4.

Au Greffier, deux rations, ci . . . . 2.

A chacun des trois Archers & à l'Exécuteur de Juſtice, une ration, ci . . . . 1.

ROYAL-NASSAU de CAVALERIE LÉGÈRE ALLEMANDE. Prevôté. Au Prevôt du régiment Royal-Naſſau , trois rations , ci . . . . 3.

87

Les Officiers du régiment des Volontaires de Schom- *VOLONTAIRES*
berg, auront la fourniture de pain de munition *gratis*,   *de*
lorſque ce régiment ſervira en campagne; elle leur ſera   *SCHOMBERG.*
faite ſur le pied par jour, ſavoir;

rations.

A chaque Capitaine chef de brigade, ſix rations, ci . . . 6. *Brigades.*

A chaque Capitaine en ſecond, quatre rations, ci . . . . 4.

A chaque Lieutenant en premier, Lieutenant en ſecond
& Cornette, trois rations, ci . . . . 3.

A chaque Maréchal-des-logis, deux rations, ci . . . . . . 2.

Au Meſtre-de-camp, qui ne doit point avoir de brigade,   *État-major.*
dix-huit rations, ci . . . . 18.

Au Lieutenant-colonel, qui a une brigade, quatre rations, ci. 4.

Au Major, ſix rations, ci . . . . 6.

A l'Aide-major, quatre rations, ci . . . . 4.

Et à chacun des dix-ſept petits Officiers, une ration, ci . 1.

A l'égard des Brigadiers, Sous-Brigadiers, Fourriers,
Volontaires & Trompettes, il leur ſera fourni à chacun
une ration de pain de munition par jour, lorſque le régiment ſera en campagne; mais il leur ſera retenu deux
ſols pour chaque ration ſur leur ſolde.

Les Officiers réformés, avec appointemens, à la ſuite *Officiers réformés*
des régimens de Cavalerie françoiſe & étrangère, de   *de Cavalerie.*
Huſſards & de Dragons, auront du pain de munition,
en ſervant en campagne, ſur le pied par jour, ſavoir;

A chaque Meſtre-de-camp & à chaque Lieutenant-colonel,
ſix rations, ci . . . . 6.

A chaque Capitaine, quatre rations, ci . . . . 4.

A chaque Lieutenant, deux rations, ci . . . . 2.

L'intention de Sa Majeſté eſt que la fourniture du pain
de munition ſoit faite à ſes troupes d'Infanterie, à celles
de ſa Maiſon, à la Gendarmerie, à la Cavalerie françoiſe
& étrangère, Carabiniers, Huſſards & Dragons, pendant
qu'elles ſerviront en campagne, conformément au règlement ci-deſſus, & ſur les états particuliers que Sa Majeſté

en fera expédier; en obfervant que ladite fourniture de pain ne doit être faite que pour le nombre d'hommes préfens & effectifs aux revûes des Commiffaires des guerres prépofés à cet effet.

X I I.

V I A N D E.

LA viande fera fournie fur le pied d'une demi-livre par jour, même les 31 des mois de Mai, Juillet, Août & Octobre, à l'exception des vendredis, aux Sergens, Soldats & Tambours de l'Infanterie françoife, des régimens de Grenadiers-royaux & des bataillons de Milice, qui camperont, fans aucune retenue, fur la folde de campagne.

Elle fera fournie aux Sergens & Soldats des régimens d'Infanterie Allemande, d'Alface, d'Anhalt, la Marck, Royal-Suédois, Royal-Bavière, Naffau & Royal-Deux-Ponts, lorfqu'ils ferviront en campagne, & aux bataillons de Milice employés pour les communications; mais il fera retenu fur leur folde deux fols pour chaque livre de viande.

Elle fera pareillement fournie aux Sergens & Soldats des régimens de Bouillon, de Vierzet & d'Horion, des régimens d'Infanterie Italienne, Irlandoife & Écoffoife; mais il leur fera retenu fur leur folde, pour chaque livre de viande, deux fols onze deniers.

Dans le cas où les régimens Suiffes & Grifons ferviront en campagne, ils recevront la fourniture de la viande, fur le même pied d'une demi-livre pour chaque homme, & la retenue leur en fera faite à raifon de deux fols onze deniers la livre; entendant Sa Majefté que cette fourniture n'ait lieu, pour chaque compagnie, que fur le pied de cent quinze hommes, les Officiers n'en devant point avoir.

La viande fera pareillement fournie aux Brigadiers, Cavaliers, Carabiniers, Huffards, Dragons, Timbaliers,

Trompettes

Trompettes & Tambours, & il fera retenu pour chaque livre de viande, trois fols cinq deniers fur leur folde.

Sa Majefté veut bien auffi permettre aux régimens & corps des Troupes légères, ainfi qu'au régiment de Royal-Cantabres, & à celui des Volontaires de Schomberg, de prendre de la viande dans le cas où ils ferviront en campagne ; & fon intention eft qu'il foit retenu deux fols pour chaque livre de viande à l'Infanterie, & trois fols cinq deniers à la Cavalerie, Huffards, Dragons & Volontaires, auffi pour chaque livre de viande.

XIII.

PAYEMENT *de l'uftenfile pendant la campagne.*

SA MAJESTÉ ayant réglé par l'ordonnance de folde d'hiver, l'uftenfile qu'Elle accorde à fes Troupes en temps de guerre, & la portion dudit uftenfile qui doit être diftribuée par mois pendant la campagne, aux Officiers defdites troupes qui auront participé à l'uftenfile du quartier d'hiver dernier ; fon intention eft qu'il leur foit payé pendant chacun des mois de Mai, Juin, Juillet, Août, Septembre & Octobre de la campagne, favoir ; à ceux qui auront eu l'uftenfile entier, les fommes portées ci-après, & feulement moitié defdites fommes à ceux qui n'auront eu que le demi-uftenfile, ceux qui n'auront point participé à l'uftenfile du quartier d'hiver dernier ne devant point avoir part à cette diftribution.

INFANTERIE FRANÇOISE.

A chaque Colonel, Lieutenant-colonel, Commandant
de bataillon, Major, Capitaine de Grenadiers &
Capitaine de Fufiliers, vingt-cinq livres, ci 25.ˡ 0.ᶠ

A chaque Colonel ayant compagnie, comme Capitaine feulement, vingt-cinq livres, ci . . . . 25.

A chaque Lieutenant, tant de Grenadiers que Fufiliers,
& Aide-major, quinze livres, ci . . . . 15.

A chaque Sous-lieutenant & Enfeigne, dix livres, ci. . 10.

Z

RÉGIMENT DES GRENADIERS DE FRANCE.

A l'Inspecteur-commandant, & au Commandant en
second, vingt-cinq livres, ci . . . . 25.^{l} o.^{f}

A chaque Colonel, Lieutenant-colonel & Major
attachés au corps, vingt-cinq livres, ci . . . . . . 25.

A chaque Capitaine, vingt-cinq livres, ci . . . . . . 25.

A chaque Lieutenant & Aide-major, quinze livres, ci 15.

A chaque Lieutenant en second & Sous-aide-major,
dix livres, ci. . . . . 10.

CORPS ROYAL DE L'ARTILLERIE.

COMPAGNIES D'OUVRIERS & DE MINEURS.

A chaque Chef de brigade, Colonel, Lieutenant-
colonel & Major, vingt-cinq livres, ci . . . . . . 25.^{l} o.^{f}

A chaque Capitaine en pied, cinquante livres, ci. . 50.

A chaque Capitaine en second, vingt-cinq livres, ci 25.

A chaque premier Lieutenant, Lieutenant en second,
Lieutenant en troisième & Aide-major, quinze
livres, ci . . . . 15.

A chaque Sous-aide-major & Garçon-major, cinq
livres, ci. . . . . 5.

INFANTERIE IRLANDOISE ET ÉCOSSOISE.

A chaque Colonel, Colonel en second, Lieutenant-
colonel, Major, Capitaine & Capitaine en second,
tant de Grenadiers que de Fusiliers, vingt-cinq
livres, ci. . . . . 25.^{l} o.^{f}

A chaque Lieutenant, tant de Grenadiers que de
Fusiliers, & Aide-major, quinze livres, ci . . . . 15.

A chaque Lieutenant en second, tant de Grenadiers
que de Fusiliers, dix livres, ci . . . . 10.

A chaque Enseigne, dix livres, ci . . . . 10.

ROYAL-ITALIEN ET ROYAL-CORSE.

A chaque Colonel & Colonel commandant, sans
compagnie, Lieutenant-colonel, Major, Capitaine

1. Mai 1761.

91

de Grenadiers, Capitaine & Capitaine en fecond
de Fufiliers, vingt-cinq livres, ci 25.ˡ 0.ᶠ

A chaque Colonel commandant, ayant compagnie,
comme Capitaine feulement, vingt-cinq livres, ci . 25.

A chaque Lieutenant de Grenadiers & de Fufiliers,
quinze livres, ci . . . . 15.

A chaque Lieutenant en fecond de Grenadiers & de
Fufiliers, dix livres, ci . . . . 10.

A chaque Aide-major, quinze livres, ci . . . . . . 15.

OFFICIERS RÉFORMÉS D'INFANTERIE.

A chaque Colonel & Lieutenant-colonel, vingt-cinq
livres, ci 25.ˡ 0.ᶠ

A chaque Capitaine, quinze livres, ci . . . . 15.

A chaque Lieutenant, cinq livres, ci . . . . 5.

GENDARMERIE.

COMPAGNIE DE CHEVAUX-LÉGERS.

A chaque Capitaine-lieutenant, pour deux places
d'uftenfile, trente livres, ci 30.ˡ 0.ᶠ

A chaque Sous-lieutenant & Cornette, pour une
place, quinze livres, ci . . . . 15.

A chaque Maréchal-des-logis, tant des compagnies
de Gendarmes que de Chevaux-légers, pour une
demi-place, fept livres dix fols, ci . . . . 7. 10.

CARABINIERS.

Au Meftre-de-camp-lieutenant, comme Capitaine
feulement, pour deux places, trente livres, ci . . 30.ˡ 0.ᶠ

Au Major, pour deux places, trente livres, ci . . . 30.

A chaque Meftre-de-camp commandant une brigade
comme Capitaine feulement, pour deux places,
trente livres, ci . . . . 30.

A chaque Lieutenant-colonel, comme Capitaine feulement, pour deux places, trente livres, ci. . . . 30.

A chaque Capitaine, pour deux places, trente livres, ci . 30.

A chaque Lieutenant, Cornette, Aide-major & Sous-
aide-major, pour une place, quinze livres, ci . . 15.

A chaque Maréchal-des-logis, pour une demi-place,
sept livres dix sols 7.¹ 16.ˢ

CAVALERIE.

A chaque Meſtre-de-camp , Meſtre-de-camp-commandant & Lieutenant-colonel, ſans compagnie ,
pour deux places, trente livres, ci 30.¹ 0.ˢ

A chaque Capitaine & Major, pour deux places,
trente livres , ci. . . . . 30.

A chaque Lieutenant, Cornette & Aide-major, pour
une place, quinze livres, ci 15.¹ 0.ˢ

A chaque Maréchal-des-logis, pour une demi-place,
sept livres dix ſols, ci. . . . . 7. 10.

RÉGIMENT ROYAL-ALLEMAND.

Au Meſtre-de-camp, comme Capitaine ſeulement,
trente livres, ci 30.¹ 0.ˢ

A chacun des Lieutenant-colonel, comme Capitaine
ſeulement, & des deux Majors, trente livres, ci . . 30.

A chaque Capitaine, trente livres, ci. . . . . 30.

A chaque Lieutenant & Cornette, quinze livres, ci. 15.

A chaque Maréchal-des-logis, ſept livres dix ſols, ci. 7. 10.

A chacun des deux Aides-majors, quinze livres, ci. 15.

Au Maréchal-des-logis de l'État-major, & au Prevôt,
chacun quinze livres, ci. . . . . 15.

Au Lieutenant de Prevôt, au Greffier & à chacun
des quatre Archers & à l'Exécuteur de Juſtice,
ſept livres dix ſols, ci . . . . 7. 10.

RÉGIMENS DE WIRTEMBERG
& de NASSAU - SAARBRUCK.

A chaque Meſtre-de-camp & Lieutenant-colonel,
comme Capitaine ſeulement, trente livres, ci. . . 30.¹ 0.ˢ

A chaque Capitaine & Major, trente livres, ci. . . 30.

A chaque Lieutenant, Cornette & Aide-major, quinze
livres, ci. . . . . 15.

A chaque Maréchal-des-logis, ſept livres dix ſols, ci. 7. 10.

Au

1. Mai 1761.

93

Au Meftre - de - camp en fecond du régiment de
Wirtemberg, trente livres, ci . . . . 30.¹ o.ʳ

RÉGIMENT DE CAVALERIE LIÉGEOISE.
DE RAUGRAVE.

A chacun des Meftre-de-camp, Meftre-de-camp-
commandant, Lieutenant-colonel & Major, trente
livres, ci . . . . 30.¹ o.ʳ

A chaque Capitaine, trente livres, ci . . . . 30.

A chaque Lieutenant & Cornette, & à l'Aide-major,
quinze livres, ci . . . . 15.

A chaque Maréchal-des-logis, fept livres dix fols, ci. 7. 10.

HUSSARDS.

A chaque Meftre - de - camp, Meftre - de - camp en
fecond, Lieutenant-colonel en pied, Lieutenant-
colonel incorporé & Major, trente livres, ci . . . 30.¹ o.ʳ

A chaque Capitaine, trente livres, ci . . . . 30.

A chaque premier Lieutenant, fecond Lieutenant,
Cornette & Aide-major, quinze livres, ci . . . . 15.

A chaque Maréchal-des-logis, fept livres dix fols, ci. 7. 10.

DRAGONS.

A chaque Meftre-de-camp, Meftre-de-camp-commandant, Lieutenant - colonel & Major, trente
livres, ci . . . . 30.¹ o.ʳ

A chaque Capitaine, trente livres, ci . . . . 30.

A chaque Lieutenant, Cornette & Aide-major, quinze
livres, ci . . . . 15.

A chaque Maréchal-des-logis, fept livres dix fols, ci. 7. 10.

Au Meftre-de-camp, Lieutenant en fecond du régiment de Dragons d'Orléans, trente livres, ci . . 30.

RÉGIMENT ROYAL-NASSAU.

A chacun des Meftre-de-camp, Lieutenant-colonel
& Major, trente livres, ci 30.¹

A chaque Capitaine & au Capitaine en fecond, trente
livres, ci . . . . 30.

A chaque Lieutenant en premier, Lieutenant en
second & Cornette, quinze livres, ci 15.ˡ 0.ˢ

A chaque Maréchal-des-logis, sept livres dix sols, ci.   7. 10.

A chacun des Aide - major & au Prevôt, quinze
livres, ci . . . . 15.

OFFICIERS RÉFORMÉS DE CAVALERIE, HUSSARDS, ET DRAGONS.

A chaque Mestre-de-camp, Lieutenant-colonel &
Capitaine, trente livres, ci 30.ˡ 0.ˢ

A chaque Lieutenant, quinze livres, ci . . . . 15.

Les Officiers des Troupes légères, continueront de
recevoir l'uftensile qui leur sera réglé pendant les cinq
mois d'hiver, comme par le passé.

Écu de campagne. Et pour les deux sols de retenue par jour pendant les
cent cinquante jours du quartier d'hiver, sur la place
d'uftensile de chaque Gendarme & Chevau-léger de la
Gendarmerie, & de chaque Carabinier, Cavalier, Hussard
& Dragon, faifant la somme de quinze livres, Sa Majesté
ordonne qu'elle soit distribuée manuellement par le
Major ou Aide-major de la Gendarmerie & de chaque
régiment, aux Gendarmes, Chevaux-légers, Carabiniers,
Cavaliers, Hussards & Dragons, sur le pied d'un écu de
soixante sols, par chacun des mois de Juin, Juillet, Août,
Septembre & Octobre, même à ceux des régimens qui
ayant reçû le quartier d'hiver, resteroient dans les garnifons
pendant la campagne; sans que lesdits Officiers-majors
puissent s'en dispenser pour quelque raison que ce soit,
à peine d'être privés de leurs charges: au moyen de quoi,
lesdits Carabiniers, Cavaliers, Hussards & Dragons feront
obligés de s'entretenir de linge, culotte, de bas & de
souliers, & d'entretenir leurs chevaux de ferrage, de tenir
leurs armes nettes, & d'y faire les menues réparations, en
forte qu'elles foient en bon état: Entend Sa Majesté que
fi ces armes venoient à être en un état à ne pouvoir
plus fervir, fans que ce foit par la faute du Cavalier ou

95

du Dragon, qu'il soit nécessaire de les changer, le Capitaine en fasse la dépense; & qu'au surplus chaque Capitaine entretienne chaque Carabinier, Cavalier, Hussard & Dragon, de cheval, housse, selle, harnois, bride, habillement, manteau, chapeau, bottes & armes.

MANDE & ordonne Sa Majesté aux Généraux commandant ses armées, aux Officiers généraux ayant commandement sur ses troupes, aux Gouverneurs & Lieutenans généraux dans ses provinces, aux Gouverneurs & Commandans de ses villes & places, aux Inspecteurs généraux de ses troupes, aux Intendans de ses armées, dans ses provinces & sur ses frontières, aux Commissaires des guerres, & à tous autres ses Officiers qu'il appartiendra, de tenir la main à l'exécution de la présente. FAIT à Versailles le premier mai mil sept cent soixante-un. *Signé* LOUIS. *Et plus bas,* LE DUC DE CHOISEUL.